성과로 이어지는 조직문화

리더와 팀을
바꾸는 다섯 가지
컬쳐코드

성과로 이어지는 조직문화
리더와 팀을 바꾸는 다섯 가지 컬쳐코드

초판 1쇄 발행 2025년 10월 24일

지은이 김경로, 김종남, 백신영, 왕장호, 장수재 공저
발행인 김종남
발행처 메타북스(META BOOKS)
교정·교열 박진영
북디자인·사진 및 일러스트 공디자인 퍼블리싱 Ⓚ
주소 서울특별시 종로구 삼일대로 461
전화 02-6403-5553
이메일 odlabmeta@gmail.com
출판등록 2022년 7월 18일(제2020-000171호)

ISBN 979-11-974358-6-7 13320

Ⓒ 김경로 외 4명, 2025

- 이 책의 저작권은 저자와 도서출판 메타북스가 소유합니다.
- 이 책은 저작권법에 따라 보호받는 저작물이므로 무단 전재와 무단 복제를 금합니다.
- 이 책 내용의 전부 또는 일부를 이용하려면 반드시 저작권자와 도서출판 메타북스의 동의가 필요합니다.

  ※ 잘못된 책은 바꿔 드립니다.
  ※ 책값은 뒤표지에 있습니다.

성과로 이어지는 조직문화

리더와 팀을 바꾸는 다섯 가지 컬쳐코드

훌륭한 조직문화는 우연이 아닌 설계의 결과다

김경로, 김종남, 백신영, 왕장호, 장수재 공저

| 추천사 |

현장에서 팀을 이끄는 리더라면 누구나 공감할 수 있는 다섯 가지 컬쳐코드가 담겨 있습니다. 조직의 성과를 만들어내는 동시에 구성원의 성장을 함께 이끌어가는 것이야 말로 리더십의 본질입니다. 이 책은 리더로서 부딪히는 고민과 현실적인 과제를 깊이 있게 다루고 있어 더 공감이 됩니다. 특히 실무에 바로 적용할 수 있는 구체적인 방향성을 제시해주는 점이 큰 강점입니다. 성과와 사람의 성장을 함께 고민하는 리더에게 든든한 길잡이가 되어줄 책이라고 자신 있게 추천합니다. 저도 리더의 길을 걸어가는 동료들에게 꼭 권하고 싶습니다.

- CJ ENM 엔터테인먼트 부문 IT혁신 담당 파트 리더 **김태수**

조직문화 실무는 종종 막막하고 외로운 싸움처럼 느껴집니다. 이 책은 그 어려움을 누구보다 깊이 이해하며 든든한 동반자가 되어줄 것입니다. 생생한 사례와 실행 방안을 통해 막연했던 개선 작업에 확신과 방향을 더해줍니다. 담당자와 리더의 고민을 덜어주는 동시에 새로운 관점을 열어줍니다. 더 많은 이들이 이 책을 통해 영감을 얻고 긍정적인 변화를 만들어가길 바랍니다. 이 귀한 책이 널리 읽히고 오래 기억되기를 진심으로 소망합니다.

- 포스코 모빌리티 솔루션 경영기획실 HR그룹 인사 섹션 리더 **차대훈**

많은 리더들이 성과만 이야기하지만 성과를 만들어내는 문화에 대해서는 깊이 고민하지 못합니다. 이 책은 '조직문화가 성과로 이어지는 구체적인 코드'를 명확히 보여줍니다. 현장에서 부딪히는 문제들을 잘 짚어 리더와 팀이 즉시 활용할 수 있습니다. 특히 심리적 안전감과 D&I 부분은 우리 시대 조직이 반드시 다뤄야 할 주제입니다. 저는 이 책을 통해 조직문화를 고민하는 모든 경영자와 구성원들이 큰 통찰을 얻으리라 확신합니다.

- SK온 SKMS팀 PM **김보미**

조직문화가 성과의 핵심이라는 것을 알면서도 실제로 어떻게 변화시킬지 고민하는 분들에게 이 책을 강력히 추천합니다. 실제 사례와 실천 방법이 풍부해 누구든 읽고 바로 적용할 수 있다는 점이 가장 큰 강점입니다. 기존 세대와 MZ세대가 섞여있는, 새롭게 일하는 방식이 찾아온 사무실에 있는 조직 구성원 모두 함께 읽고 토론한다면 여러분의 조직도 긍정적으로 변화할 수 있을 것입니다.

- 현대자동차 미래전략본부 책임매니저 **권진영**

조직문화는 눈에 보이지 않지만 기업 경쟁력의 핵심이며 특히 제가 근무하는 반도체 공정 장비 기업과 같이 기술의 복잡성과 협업이 중요한 산업에서는 더 그렇습니다. 이 책은 조직문화를 이론이 아닌 실행의 문제로 바라보며 리더들이 직면하는 현실적 과제를 풀어낼 수 있는 접근법을 제시합니다. 소통과 신뢰, 팀워크를 강화하는 방법을 실제 사례와 제도 설계 속에 녹여내 문화가 전략을 살리고 성과로 이어지게 하는 길을 보여줍니다. 인사담당자로서 깊이 공감한 점은 문화가 HR 부서만의 과제가 아니라 리더의 핵심 역할이라는 점입니다. 변화의 속도와 안정성, 자율성과 책임 간의 균형을 어떻게 잡을지 고민하는 모든 리더에게 이 책을 추천합니다.

- AP시스템 인사팀장 **공석민**

조직문화라는 말은 누구나 하지만 실제로 무엇을 어떻게 바꿔야 하는지 아는 사람은 많지 않습니다. 이 책은 담론이 아니라 가치체계·소통·리더십·성과·D&I라는 다섯 가지 컬쳐코드를 통해 실행 가능한 길을 제시합니다. 저자들의 경험과 사례가 잘 녹아 있어 HR 담당자, 팀장, 그리고 조직을 더 나은 방향으로 이끌려는 모든 리더에게 신짚저인 시침이 될 것입니다. 읽고 나면 '문화는 성과를 위한 기반'이라는 메시지가 더 확고히 다가옵니다.

- ABInBev Korea 오비맥주 교육문화팀 부장 **김혜영**

| 프롤로그 |

조직의 태동부터 소멸까지: 조직을 살아 숨쉬게 하는 힘을 탐구하며

조직을 움직이는 진짜 힘은 무엇일까? 전략일까, 성과 지표일까, 기술적 역량일까? 많은 경영자와 리더들이 오랫동안 이 질문의 답을 찾기 위해 애써 왔다. 그러나 시간이 아무리 지나도 우리는 한 가지 사실만은 부정할 수 없다. 조직은 결국 '문화'라는 보이지 않는 힘에 의해 방향이 정해지고 지속 가능성이 결정되고 성공과 실패가 갈린다는 것이다.

문화는 회사의 사명 선언문이나 슬로건보다 훨씬 깊은 곳에 자리한다. 매일 아침 리더가 어떤 표정으로 인사를 건네는지, 팀장이 갈등 상황을 어떻게 해결하는지, 성과가 좋을 때 어떤 방식으로 인정과 보상을 하는지, 실패가 생겼을 때 누구를 탓하거나 보호하는지 같은 일상의 행동과 감정 관리, 대인 관계, 의사결정 방식 속에 자연스럽게 스며 있다. 그러므로 문화는 추상적 개념이 아니라 조직의 실상이다.

이 책은 HR 매니저, 조직문화 코치, 컨설턴트라는 서로 다른 렌즈를 가진 다섯 명의 저자가 함께 집필한, 조직문화 실천을 위한 안내서다. 우리는 수많은 조직을 관찰하고 변화의 최전선에서 실험하며 지원해왔다. 그 여정 속에서 하나의 확실한 결론에 도달했다. 조직문화는 시작도 끝도 리더십과 무관할 수 없으며 그 속에서 가치는 행동이 되고 커뮤니케이션은 문화의 얼굴이 되고 문화는 성과를 시험대 위에 올려놓는다는 것이다.

문화가 만들어내는 조직 요소들의 정합성(Alignment)은 전략을 무력화시킨다. 저명한 학자인 데이비드 나들러[David Nadler]와 마이클 터시먼[Michael Tushman]은 오래전부터 조직을 이해할 때 정합성 개념을 강조해왔다. 전략, 구조, 인사 시스템, 리더십, 문화가 서로 조율되지 않는다면 그 어떤 훌륭한 계획도 현실에서 작동하지 않는다.

많은 조직이 야심 찬 변화를 선언하지만 실행 단계에서 좌초되는 이유도 바로 보이지 않는 이 정합성의 균열 때문이다. 그런데 이 정합성을 결정하는 것이 바로 문화다. 말하자면 문화는 전략과 구조를 지탱하는 토대이자 때로는 변화의 가장 큰 저항선이고 조직이 성장·혁신하는 데 교차점이나 단절을 만들어내는 주인공이다.

그러므로 팀장 이상의 리더들은 문화가 단순히 '좋은 분위기' 그 이상이라는 것을 깨달아야 한다. 문화는 조직 내 권력 관계, 의사결정 방식, 업무 처리 속도, 감정의 흐름까지 깊이 스며든다. 문화에 귀 기울이지 않는 조직은 자신도 모르게 변화의 장벽이 되는 문화를 스스로 축조하게 되는 것이다.

기존 방식을 내려놓고 연결하고 실행하기!
이것이 바로 오늘날 팀장이 리더로 거듭나기 위해 반드시 걸어가야 할 세 가지 리더십 전환의 여정이다.

가치(Value): 조직의 보이지 않는 실질적인 힘

가치는 문서 속 선언문이 아니다. 가치는 집단의 규율이 되고 어느새 구성원의 정신에 스며들어 특정 방향으로 생각하고 행동하고 느끼게 만든다. 사람들이 인식하지 못하는 사이에도 가치는 매일마다 선택을 결정짓는다.

예를 들어, 어떤 조직은 '고객 집착'을 핵심 가치로 내세우지만 정작 내부에서 가장 존중받는 사람은 비용을 절감하는 사람일 수 있다. 또 다른 조직은 '협력'을 표방하지만 실제 승진이 개인 성과 지표만으로 결정된다면 구성원들은 말하지 않아도 '결국 혼자 살아남아야 한다'라는 메시지를 학습한다.

이처럼 가치체계는 조직의 성과 행동과 직결된다. 가치는 선언이 아니라 실천을 통해 살아 숨쉬며 은연 중에 어떤 생각과 어떤 행동을 보여야 할지를 결정하는 실질적인 권력이 된다.

커뮤니케이션: 문화가 가장 먼저 드러나는 창

커뮤니케이션은 문화의 결과이자 문화를 바꿀 수 있는 가장 접근하기 쉬운 도구다. 메시지가 어떤 경로를 따라 흐르는지, 공식 채널과 비공식 대화가 어떻게 작동하는지, 갈등이 발생했을 때 누구에게 어떤 방식으로 전달되는지에 따라 조직의 건강성을 읽을 수 있다.

또한, 커뮤니케이션은 문화 변화를 실험할 수 있는 첫 번째 실천 영역이다. 예를 들어, 성과 리뷰를 투명하게 양방향으로 전환하거나 타운홀 정기 미팅에서 리더가 솔직하게 실패를 공유하는 것만으로도 구성원들의 심리적 안전감은 크게 달라진다. 문화가 추상적이고 멀게 느껴질 때 커뮤니케이션 방식을 바꾸는 것부터 시작하라는 것이 경험에서 나온 우리의 조언이다.

리더십: 문화를 축적하거나 쓰러뜨리는 파장

리더십은 조직문화의 가장 강력한 증폭기다. 팀장 이상의 리더가 어떤 행동을 선택하느냐에 따라 문화는 비교적 빨리 강화되거나 무너진다. 성과 지표를 달성하는 방식, 갈등을 처리하는 태도, 실패를 다루는 용기, 구성원에 대한 신뢰와 인정, 이 모든 것이 조직의 공식 규정보다 훨씬 큰 영향력을 발휘한다. 리더십은 문화를 설계하는 손이자 시험하는 머리다. 리더가 내린 단 한 번의 결정이 수년간 쌓아온 신뢰를 무너뜨릴 수도 있고 단 한 번의 용기가 조직을 전혀 다른 수준의 협력과 혁신으로 끌어올릴 수도 있다. 리더는 결국 조직문화의 디자이너다.

성과: 문화를 우선시하는 조직이 결국 성과를 만든다

문화와 성과는 대립하지 않는다. 오히려 문화는 성과를 촉진하거나 반대로 한순간에 정지시켜 버릴 수도 있다. 단기적인 실적을 위해 지나친 경쟁 분위기를 조장하거나 신뢰를 훼손하는 방식으로 목표를 달성하면 결국 성과 자체도 지속될 수 없다. 지속 가능한 성과는 건강한 문화 위에서만 자라난다. 문화가 없는 성과는 모래 위 성일 뿐이다.

D&I: 조직문화를 완성하는 핵심 축

오늘날 많은 조직이 다양성과 포용성(Diversity & Inclusion, D&I)을 중요한 화두로 삼고 있다. 그러나 명확한 문화적 방향과 전략이 없다면 D&I는 오히려 조직을 분열시키거나 피로감만 높일 수 있다. 그래서 다양성과 포용성은 계획적으로 설계되고 실행되어야 한다. 리더들이 D&I를 '인식해야 하는 것' 이상의 전략적 문화 자산으로 수용하고 실천해야 하는 이유가 바로 여기에 있다.

문화를 통해 진단하고 변화하고 성장해야 한다

조직은 결국 디폴트로 문화를 만들어낸다. 의도하지 않아도 문화는 형성되며 흥하든 망하든 조직은 다시 문화에 기대게 된다. 그래서 현명한 리더는 문화를 방치하지 않는다. 오히려 문화를 진단하고 변화의 방향을 모색하고 자신의 행동을 문화적 목적지에 맞추어 설계하고 실행한다. 영속 가능한 조직은 전략과 시스템만으로 세워지지 않는다. 문화라는 구심점을 외면한 채 오래 살아남은 조직은 없다. 팀장과 임원진이 단순한 이 진리를 수긍하고 행동으로 옮길 때 비로소 변화와 성과는 지속될 수 있다.

이 책의 목적

이 책은 바로 그런 이유에서 쓰였다. 다섯 명의 저자는 HR 매니저, 코치, 컨설턴트라는 각기 다른 자리에서 수십 수백 개 조직의 문화 현장을 목격했다. 어떤 조직은 문화의 힘을 전략적으로 활용해 도약했고 어떤 조직은 문화의 균열을 방치하다가 쇠퇴했다. 우리는 그 경험을 토대로 가치체계, 소통, 리더십, 성과 관리, D&I까지 조직문화가 작동하는 핵심 메커니즘을 해부했다.

팀장과 임원, HR 전문가, 조직문화 실천가들이 "문화라는 보이지 않는 힘을 어떻게 감지하고 조율하고 전략적 자산으로 전환할 것인가"를 고민할 때 이 책이 가장 먼저 펼칠 수 있는 안내서이자 실천 지침서가 되길 바란다.

맺음말

조직문화는 한 번 정의하면 끝나는 정적 구조가 아니다. 매일 반복되는 선택과 대화 속에서 살아 움직이고 성과와 위기 속에서 시험받는다. 결국 문화는 리더의 행동을 비추는 거울이자 조직의 미래를 결정짓는 운명적 힘이다.

우리는 이 책을 통해 리더와 실천가들이 그 힘을 두려워하기보다 이해하고 조율하며 변화의 동력으로 삼을 수 있기를 바란다. 조직이 변화의 갈림길에 서 있을 때 가장 먼저 자신에게 물어야 할 질문은 바로 이것이다.

"우리 조직의 문화는 지금 자산인가, 부채인가?"
이 질문으로부터 조직 내 모든 변화가 시작되어야 한다.

2025년 10월
John Kim 대표

목차

추천사 • 4
프롤로그 • 6

1부 기업문화와 가치체계 • 15

1. 기업문화의 중심, 가치체계 • 16

(1) 기업 밖으로 나온 기업문화 • 16
(2) 누구나 알고 있지만 제대로 하기 어려운 일 • 18
(3) 무엇에 집중해야 할까? • 21
(4) 문화는 고립된 상태로 존재하지 않는다 • 27
(5) 지속가능한 성장을 만드는 가치체계 • 32

2. 훌륭한 가치체계의 조건 • 37

(1) 변화관리의 시작, 제대로 된 가치체계 • 37
(2) 훌륭한 미션의 조건 • 40
(3) 훌륭한 핵심가치의 조건 • 53
(4) 새로운 성장 동력을 만들기 위한 변화 • 66

2부 조직문화와 소통 • 81

1. 조직문화의 단골 주제, '소통' • 82

2. 조직문화에서 왜 소통이 필요할까? • 84

(1) VUCA시대 기업과 개인의 생존 조건 • 84
(2) 성과 달성의 열쇠이자 지름길, '소통' • 86
(3) 조직문화 혁신의 필수 요소 • 87
(4) 장기 생존과 성장의 코어, '소통' • 89

3. 소통을 어렵게 만드는 것들 · 91

(1) 소통에 대한 흔한 오해 · 91

(2) 경직된 기존 문화 · 93

(3) 소통 채널의 부재 · 94

(4) 세대 간 인식 차이 · 95

(5) 만나서 대화하기 어려운 시대 · 96

4. 직장인들의 대나무숲 '블라인드' · 97

(1) 소통 활성화에 기여하는 블라인드 · 97

(2) 블라인드가 만드는 소통의 골칫거리 · 98

(3) 블라인드 리스크가 발생한다면 · 99

5. 소통하고 싶다면 이것만은 꼭! · 100

(1) 소통의 출발은 서로 믿는 데서부터 · 100

(2) 투명하게 공개하면 오해도 Zero · 102

6. 소통 담당자가 해야 할 일: 소통문화 구축하기 · 104

7. 다양한 소통 프로그램과 운용 방법 · 108

3부 리더십과 조직문화 · 121

1. 조직문화는 리더만의 문제일까? · 122

(1) "리더가 바뀌면 조직문화는 바뀌는 거 아니야?" · 122

(2) 구성원이 바뀌면 조직도 바뀔 수 있다? · 139

2. 심리적 안전감은 조직문화를 바꾸는 답인가? · 156

(1) 왜 모두 심리적 안전감에 열광하는가? · 156

(2) 심리적 안전감을 잘 활용하는 조직은 무엇이 다른가? • 156

(3) 모든 조직에서 심리적 안전감은 통할까? • 161

(4) 실패를 성공적인 조직문화로 만드는 움직임 • 165

4부 조직문화와 D&I • 177

1. D&I에 대한 인식 • 179

(1) D&I란 무엇이고 왜 중요한가? • 179

(2) 구성원이 느끼는 정체성과 D&I • 180

(3) 익명성과 문화 • 181

(4) Speak up과 D&I • 182

2. D&I와 조직 내 관행 • 183

(1) 성별에 대한 관행과 D&I • 183

(2) 직장 내 괴롭힘과 D&I • 184

(3) 조직 내 암묵적으로 존재하는 차별과 D&I • 186

(4) 그룹 사고와 D&I • 187

3. D&I와 리더십 • 188

(1) 리더의 롤 모델링과 D&I • 188

(2) 리더의 다양성 존중과 D&I • 189

(3) 리더의 경청과 D&I • 191

4. D&I와 제도 • 193

(1) 인사제도와 D&I • 193

(2) 제도와 관행 그리고 D&I • 194

(3) 고충 및 사내 지원과 D&I • 196

5. D&I와 문화 · 198

(1) 능력 중심 문화와 D&I · 198

(2) 문화적 효과성과 D&I · 199

(3) 소속감과 D&I · 200

(4) 세대 간 편견과 D&I · 202

6. D&I 장려를 위한 제언 · 204

(1) 경영진의 진정성 있는 의지와 문화 리더십 · 205

(2) 제도, 일하는 방식, 운영 시스템에의 내재화 · 205

(3) 리더십 역량과 D&I 감수성의 제도화 · 206

(4) 구성원 참여 기반의 자율적 문화운동 · 207

(5) 정기적 진단과 피드백 루프: 문화는 측정 가능해야 개선된다 · 208

맺음말 · 209

5부 성과를 만드는 조직의 뿌리: 성찰·사람·문화 · 211

1. 성과의 의미와 정의 · 212

2. 성찰을 통한 성장 · 214

3. 인간 중심의 조직 휴먼 역량 · 221

4. 심리적 안전감이 성과에 미치는 영향 · 228

5. 회식과 조직 성과의 연관성 · 231

6. 조직문화와 성과의 선후 관계 · 243

부록 조직문화 실무 체크리스트 · 248

기업문화와 가치체계

1

1. 기업문화의 중심, 가치체계

(1) 기업 밖으로 나온 기업문화

최근 스타트업을 포함한 많은 기업들이 '컬처 덱'Culture Deck을 제작해 홈페이지, SNS 등을 통해 자신만의 고유한 기업문화를 적극적으로 홍보하는 것을 볼 수 있다. 컬처 덱은 기업의 미션과 비전, 핵심가치, 운영방향, 제도, 일하는 방식 등 조직문화의 요소들을 자세히 정리한 문서다. 조직 내 어려운 문제를 해결하거나 상호 관계를 맺고 갈등을 해결할 때 구성원들이 올바른 길을 선택할 수 있도록 알려주는 나침반 역할을 한다.

또한, 인재 전쟁의 시대에 외부 우수인재를 확보하는 데도 큰 도움이 된다. 기업이 어떤 문화를 가지고 있고 이를 위해 어떤 노력을 하고 무엇을 중시하는지를 담아 지원자들이 회사를 고를 때 판단하는 것을 도와준다. 세일즈포스Salesforce의 CEO 마크 베니오프Marc Benioff는 "가치에 대한 약속 없이 기업이 인재를 확보할 수 있는 시대는 끝났다."라고 말한다.

실제로 지난해 리멤버와 한국능률협회가 신입사원 1천 명을 대상으로 실시한 설문조사 결과[1], 합격 후 가장 먼저 주변 사람들에게 말한 회사의 자랑

---

[1] 백봉삼, 「MZ세대 신입사원 퇴사 줄이는 여섯 가지 방법」, ZDNET Korea, 2023, https://zdnet.co.kr/view/?no=20230317100032

거리로 '회사의 네임 밸류'(27.6%)에 이어 '기업문화'(19.4%)를 선택했다. '급여'(15.1%)보다 높은 순위다. 또한, MZ 신입사원의 28.7%가 취업 시 다른 부분이 만족스럽다면 포기할 수 있는 조건으로 '연봉'을 꼽았다. 필자가 최근 외부에서 영입된 구성원들을 대상으로 설문조사한 결과에서도 비슷한 시사점을 얻을 수 있었다.

영입한 구성원의 평균 연령은 점점 낮아지는 가운데 이직 사유와 새로운 회사의 선택 기준으로 '급여 및 복리후생'에 대한 불만보다 '기업문화'와 '성장 기회'를 꼽고 있었다. 과거에 비해 MZ구성원들은 확실히 돈보다 자신의 가치관과 회사의 목적이 일치하는지, 기업문화가 자신이 일에서 의미를 발견하고 성장하는 데 얼마나 도움이 되는지를 중시하고 있다.

기업문화는 분명히 모방하기 어려운 경쟁력이다. 그래서 오랫동안 기업 내부에서 철저히 관리하며 향유하는 무형의 그 무엇이었다. 하지만 최근에는 외부의 잠재적 구성원들을 포함한 이해관계자들에게도 적극적으로 소통하며 중요한 메시지를 던져주고 있다. 과거에는 기업문화를 나타내는 다양한 현상과 지표가 기업의 현재 상황을 판단하는 거울 역할을 했다면 이제는 유리창과 같은 역할을 하는 것이다.

하지만 조직문화에 대한 이러한 접근 방식이 단지 맹목적으로 유행을 따라가는 것이 아니라 내부 구성원들의 진정한 몰입을 바탕으로 기업과 조직의 지속가능한 성과와 성장으로 이어지고 외부 이해관계자들과 건강한 관계를 만들기 위해서는 컬처 덱에 담긴 조직문화의 본질과 그 본질에 대한 진정성을 다시 한 번 냉정히 고민해야 한다. 겉만 화려할 뿐 내부 구성원들의 관심도 없고 외부에서도 공감할 수 없는 내용이라면 아무 쓸모가 없다.

(2) 누구나 알고 있지만 제대로 하기 어려운 일

컬처 덱의 시작을 한 번 되돌아보자. "우리는 비범한 회사가 되려고 한다." 이 담대한 문장으로 시작한 넷플릭스^{Netflix}의 조직문화 소개서가 2009년 실리콘밸리를 뒤흔들었다. 회사 비전에 공감하고 성과를 내는 최고의 직원에게 자율성과 보상을 충분히 제공하겠다는 운영방침이 담긴 127개 슬라이드를 말한다.

당시는 기업 내부 문화를 공개적으로 드러내는 시대가 아니었기 때문에 페이스북^{Facebook} COO였던 셰릴 카라 샌드버그$^{Sheryl\ Kara\ Sandberg}$는 "이 문서는 실리콘밸리 역사상 가장 중요한 문서가 될 것이다."라고 평가하기도 했다. 실제로 넷플릭스는 뛰어난 인재가 몰려드는 효과를 크게 누릴 수 있었다.

넷플릭스의 기업문화에는 '자율과 책임', '규칙 없음(No Rules)', '극도의 솔직함과 피드백', '통제가 아닌 맥락' 등 국내 기업문화 담당자들에게도 깊은 영감을 주는 특징들이 있다. 하지만 이런 독특한 문화에는 오랜 시간 동안 그들만의 진지한 고민과 실험, 시행착오와 교훈이 담겨 있다는 점을 놓쳐서는 안 된다.

창업자 리드 헤이스팅스[Reed Hastings]는 자신의 저서 『규칙없음』에서 그 과정을 언급했는데[2] 2001년 직원의 30%를 내보낼 수밖에 없었던 뼈아픈 해고(lay off) 경험이 깊게 자리잡고 있다. 회사가 안 좋은 상황에서 회사의 비전에 전적으로 공감하고 열의를 가진 남아있는 소수 정예 직원들이 보여준 헌신과 성과를 관찰하며 '인재밀도(talent density)'에 대한 철학이 확고해졌고 이는 곧 넷플릭스가 추구하는 조직문화의 정체성을 결정했다.

> "사람들이 일하고 싶어하는 회사는 인재밀도가 높은 회사라는 것을 우리는 경험으로 확인했다. 뛰어난 성과를 올리는 사람은 인재밀도가 전체적으로 높은 환경에서 특히 제 실력을 발휘한다. 2001년 직원 해고 사태를 통해 리드는 좋든 나쁘든 성과는 전염된다는 사실을 깨달았다." — 『규칙없음』 중에서

필자는 미국 현지에서 넷플릭스 HR 담당자와 성과관리 및 평가, 보상제도와 관련된 질의 응답을 진행한 적이 있다. 그는 넷플릭스 기업문화의 제1원칙은 최고의 인재(Hire the Best)이기 때문에 성과관리 제도 자체가 불필요하다고 했다. 그 대신 오직 피드백만 중요하며 이것이 제대로 작동한다면 일반적인 조직이 고민하는 성과관리는 오히려 방해가 된다는 것이다.

평가가 없으므로 보상은 대상자의 예상 매출 기여, 교체비용 등을 종합적으로 검토하는 '유지 비용 지불(Pay to Keep)'이라는 별도 기준을 활용한다.

---

[2] 리드 헤이스팅스, 에린 마이어, 이경남 옮김, 『규칙없음』, 알에이치코리아, 2020

그들에게는 최고의 인재가 최고의 직장이고 동기부여다. 그렇기 때문에 각 분야에서 가장 뛰어난 성과를 올리면서도 협업능력이 탁월한 직원들을 확보·유지하는 데 총력을 기울인다. 그리고 그들은 규칙이 없을 때 최대 성과를 낼 수 있기 때문에 조직문화는 그렇게 정렬된다.

넷플릭스는 어느 기업보다 비즈니스 모델을 빠르게 혁신하며 성장해온 기업이다. 1998년 온라인 DVD 대여업으로 시작해 2007년 온라인 스트리밍 사업, 2013년 콘텐츠 기업으로 비즈니스 모델을 빠르게 바꾸면서도 지속적으로 성장할 수 있었던 것은 그들만의 방식으로 심혈을 기울여 실험하고 조정해온 조직문화 덕분이다. 그리고 넷플릭스의 컬처 덱은 지금 현재도 진화하는 중이다.

"절차보다 사람을 소중히 여기고 능률보다 혁신을 강조하고 통제를 최대한 자제하는 문화였다. 인재밀도를 기반으로 최고의 성과를 올리고 통제가 아닌 맥락으로 직원을 이끄는 데 초점을 맞추는 기업문화 덕분에 지속적으로 성장했다." ─ 『규칙없음』 중에서

이처럼 컬처 덱은 단순히 이해하기 쉽도록 구성되고 특정 세대에 소구하기 위한 매력적인 문장들만 전부인 것은 아니다. 그 회사의 비즈니스 성장과 깊이 연관되어 있고 모든 구성원이 향유하며 진정으로 그런 방향으로 나아가길 기대하는 조직문화의 지향점이 담겨 있느냐가 컬처 덱의 생명력을 결정한다.

(3) 무엇에 집중해야 할까?

그럼 컬처 덱에 담아야 할 조직문화의 핵심은 무엇일까? 조직문화를 이해할 때 가장 대표적인 관점은 '기업문화의 아버지' 에드거 샤인[Edgar H. Schein]이 제시한 세 가지 차원을 먼저 떠올려 볼 수 있다. 세 가지 차원은 <그림 1-1>과 같이 근원적 가정(Basic Assumptions), 신념과 가치(Beliefs & Values), 인공물(Artifacts)로 구성되어 있다.

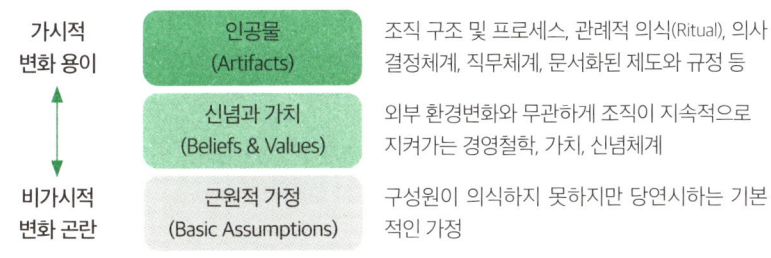

· Schein, E. 1985. Organizational Culture and Leadership: A Dynamic View. San Francisco: Jossey-Bass

<그림 1-1> 기업문화의 세 가지 차원

근원적 가정

에드거 샤인은 기업문화를 '한 기업(조직)이 외부 환경에 적응하고 내부를 통합하며 문제를 해결하는 과정을 통해 배우고 충분히 효과적이라고 심시숙고한 결과로서 구성원들이 공유하는 근원적 가정의 형태'라고 정의한다. 근원적 가정은 구성원들 사이에서 무의식 속에 뿌리깊게 자리잡아 너무나 당연시하는 믿음, 인식, 감정의 총화를 말한다. 그리고 모든 기업문화의 요소들에 깊은 영향을 미치는 근간이 된다. 예를 들어, 인간을 X이론으로 보는 관점과 Y이론으로 보는 관점에 따라 문화의 모든 요소는 완전히 달라진다. 다만, 근원적 가정은 겉으로 드러나지 않아 관찰하기 어렵고 쉽게 변화하지도 않기 때문에 문화를 근본부터 변화시키는 것은 일반적으로 상당히 장기간에 걸쳐 접근해야 하는 어려운 일이다.

신념과 가치 또는 가치체계

근원적 가정과 달리 기업이 가시적으로 표방하는 가치체계는 세 가지로 구성된다.

구성요소	의미
Mission (사명)	우리는 세상에 어떤 가치를 주는가? (기업의 근본적 존재 이유)
Vision (비전)	사업을 통해 무엇을 이룰 것인가? (장기적 구현 목표와 미래상)
Core Values (핵심가치)	기업을 성공적으로 이끌어갈 원칙과 기준은 무엇인가? (기업의 신조 및 의사결정 원칙)

〈그림 1-2〉 가치체계의 구성

미션은 기업의 존재 이유이자 목적이다. "우리는 왜 존재하는 걸까?", "우리가 없다면 세상은 어떤 모습일까?"와 같은 질문과 연관되어 있다. 기업문화에 대한 세계적 석학인 제임스 헤스켓(James Heskett)은 기업문화는 기업의 목적(존재 이유)을 반영하며 조직의 목적과 조화를 이룬 문화는 강력한 힘을 가질 수 있다고 말한다.[3]

---

[3] 제임스 헤스켓, 이동현 외 옮김, 『문화가 성과다』, 유비온, 2013

비전은 그 기업이 달성하려는 목표, 미션을 통해 "어떤 세상을 꿈꾸는가?"에 대한 답이자 미래를 보여주는 지도와 같은 것이다. 짐 콜린스^{Jim Collins}는 비전에 대해 핵심 가치관, 신념으로부터 목적, 사명으로 이어지는 개념으로 나타내고 있다.[4] 다만, 학계의 엄밀한 정의와 달리 실제 기업들은 많은 경우, 미션에 이미 비전을 담고 있거나 비전으로 미션을 제시하기도 한다. 즉, 미션과 비전을 크게 구분하지 않고 미션 또는 비전과 핵심가치로 이루어진 2단계로 구성된 가치체계를 많이 발견할 수 있다.

핵심가치는 가치 판단의 기준(Way of Thinking)이자 행동의 기준(Way of Doing)이다. 미션과 비전을 달성하는 데 "어떻게 달성할 것인가?"에 대한 구체적인 행동방식이 담겨 있다. 다양한 선택의 기로에서 어느 것이 더 중요하고 우선시되어야 하는지에 대한 방향을 알려준다.

기업들마다 방식(도요타), 신조(존슨앤존슨), 믿음(구글), 원칙(아마존), 진실(포드), 선언문(노스페이스) 등 다양한 명칭으로 표현하지만 기업을 성공적으로 이끄는 데 필요한 원칙과 기준을 제시한다는 점에서는 차이가 없다. 행동강령(Code of Conduct)의 경우, 일부 기업에서는 핵심가치로 활용하기도 하지만 보통 핵심가치를 실현하기 위한 단위 조직의 구체적인 행동규칙으로 쓰인다.

이처럼 미션(비전)과 핵심가치로 이루어진 가치체계는 근원적 가정이

---

[4] 짐 콜린스, 이경식 옮김, 『BE 2.0』, 2020, 흐름출판

구체적으로 발현되며 가시화되는 통로이며 기업문화의 관점에서 다음에 나오는 인공물에 의미를 부여하고 방향성을 제시하는 기준점이 된다는 점에서 매우 중요하다.

인공물

인공물은 구성원들이 보고 듣고 느끼고 직접적으로 경험할 수 있는 현상이나 물건을 말한다. 로고, 사가, 복장, 고유한 용어뿐만 아니라 조직구조, 제도, 정책 등 기업 내에서 접하는 모든 것을 가리킨다. 본사 건물의 외관, 사무실 자리 배치를 통해서도 그 기업이 중시하고 나타내려는 철학이나 가치를 짐작해볼 수 있다. 그리고 강력한 문화를 가진 기업은 대부분 인공물에 풍부한 스토리와 영웅을 가지고 있다. 가공물은 인상적인 방법으로 문화에서 중요한 것들을 전달해주는 강력한 수단이 될 수 있다. 하지만 그렇기 때문에 반대로 인공물이 기업의 철학, 가치와 제대로 연결되지 못하는 경우, 기업문화의 특성을 모호하게 만들거나 제대로 작동하지 않게 만드는 역효과가 있을 수도 있다.

이처럼 기업문화를 세 가지 차원으로 나눈 것은 기업문화를 이해하고 어떻게 접근해야 할지를 결정할 때 큰 도움이 되지만 정말 중요한 것은 세 가지 차원의 정렬(Alignment)이다. 특히 구성원들의 경험을 고려할 때 직접 경험하는 가시적인 제도와 관습 등이 기업이 추구하는 신념, 가치와 어긋날 때 구성원들은 인지 부조화를 겪게 되며 어떠한 열망이나 몰입도 기대하기 어려울 것이다.

예를 들어 보자. 2020년대 초반 코로나를 겪으며 재택근무가 매우 빠른 속도로 확대되었다. 코로나는 상당히 위험스러워 보였고 재택근무는 어쩌면 당연한 조치였다. 또한, 회사는 구성원들의 안전에 대한 관심과 의무를 요구받았고 워라밸(Work-Life Balance)을 중시하는 사회 가치관의 변화와 맞물려 스스로 근무 시간과 장소를 선택하는 것은 누구라도 긍정적으로 평가하는 제도가 되었다.

결과적으로 재택근무 제도는 그 기업이 가진 유연한 기업문화의 상징이며 매력적인 복지로서 채용 브랜딩 수단으로 적극 활용되었다. 하지만 포스트 코로나 시대가 도래하면서 아마존, 마이크로소프트(Microsoft) 등 많은 기업들이 '사무실로의 복귀(RTO: Return to Office)'를 다시 추진하기 시작했다. 특히 아마존은 2025년부터 주5일 출근을 전면 추진하는데 많은 전문가가 직원들의 반감과 이탈을 우려하고 있다. 스탠포드대 연구[5]에서도 재택근무가 가능한 직원 중 주5일 근무를 희망한다고 답한 비율은 17.6%에 불과하다니 쉽지 않은 선택이라고 생각된다.

그동안 맥킨지[6] 등은 재택근무 또는 하이브리드 근무를 실시하는 기업은 그렇지 않은 기업보다 10% 이상 매출 성장을 보이거나 구성원의 동기부여와 몰입에 도움이 된다는 다양한 연구 결과를 내놓았다. 그럼에도 불구하고

---

5   Jose Maria Barrero 등, 「The survey of Working Arrangements and Attitudes」, Stanford Univ., 2024, chrome-extension://efaidnbmnnnibpcajpcglclefindmkaj/https://wfhresearch.com/wp-content/uploads/2024/09/WFHResearch_updates_September2024.pdf
6   Candace Lun Plotkin, Jennifer Stanley, and Liz Harrison, 「Five fundamental truths: How B2B winners keep growing」, Mckinsey, 2024, https://www.mckinsey.com/capabilities/growth-marketing-and-sales/our-insights/five-fundamental-truths-how-b2b-winners-keep-growing

이 기업들은 '사무실로의 복귀'를 왜 추진하는 걸까? 단지 구시대적 관념에서 벗어나지 못했기 때문일까? 기업이 위기를 겪고 있기 때문일까? 아니다.

지난해 아마존, 마이크로소프트 HR 담당자를 만나 재택근무를 포함한 유연근무 방식에 대한 조언을 구한 적이 있다. 그런데 아마존 담당자의 생각은 필자의 예상을 보기 좋게 빗나갔다. 아마존은 모든 업무에서 철저히 '고객 집착'(Customer Obsession)을 추구하기 때문에 고객의 속도에 맞춘 신속한 의사결정을 가장 중시한다. 그래서 아마존에서는 의사결정 유형을 두 가지로 구분한다.

유형 1 결정(되돌릴 수 없는 중대하고 전략적이고 하던 일을 변경하는 것)과 유형 2 결정(전술적이고 하던 일을 잘하는 방식)이다. 대부분의 의사결정을 차지하는 유형 2는 필요한 정보의 약 70%로도 빠르게 실행한다. 그런데 재택근무를 실시해 보니 의사결정 속도가 현저히 느려졌다는 것이다. 결국 아마존 전략과 기업문화의 중심인 '고객 중심'이라는 가치를 실현하려면 재택근무로 얻는 득보다 사무실로 복귀해 의사결정 속도를 높이는 것이 더 중요하다고 판단했다는 것이다.

마이크로소프트의 경우, 사티아 나델라[Satya Nadella] CEO 취임과 함께 'One Microsoft'를 강조하며 팀워크가 문화와 제도의 중심으로 자리잡았다. 그런데 코로나로 인해 재택근무가 일상화되자 피플 어낼리틱스(People Analytics)팀은 팀워크를 통한 생산성에 변화가 있는지 여부를 '팀 간 새로운 과제가 제안되는 횟수'를 통해 분석했다. 그 결과, 기존 지표와 크게 다르지 않은 것을 데이터로 확인하고 재택근무 기조를 유지하되 조직별 상황에 맞게 자율적으로 그라운드

룰(Ground Rules)을 정해 사무실 출근 일수를 결정할 수 있는 하이브리드형 근무제도를 선택했다며 여전히 최선의 방법을 찾는 중이라고 한다.

재택근무와 사무실 복귀에 대한 찬반 논란이 컸던 만큼 여러분은 이 문제에 어떻게 접근했는가? 다만, 이들은 생산성, 워라밸과 같이 재택근무 자체가 가진 1차적 인과 또는 다른 경쟁사들의 트렌드에 쉽게 편승해 경쟁적으로 도입하는 것이 아니라 재택근무의 'Why'에 집중한다는 것을 확인했다. 특히 그 Why는 그들이 중시하는 가치와 깊이 연관되어 있고 설득력이 있다. 그들의 가치, 신념, 제도, 관행이 일치할 때 조직 구성원들은 가치, 신념에 대해 더 큰 확신을 가지게 되고 장려되는 행동이 강화될 것이다. 하지만 대부분의 회사에서는 조직문화의 세 가지 차원 사이에 '불일치'(Misalignment)한 부분이 비일비재하다. 비단 인공물과 가치체계뿐만 아니라 조직문화의 세 가지 차원 내에서 여러분 회사의 정렬은 어떤지 점검할 필요가 있다.

(4) 문화는 고립된 상태로 존재하지 않는다

훌륭한 기업문화는 무엇일까? 기업문화 요소 간의 내적 정렬만으로 충분할까? 그렇지 않다. 기업문화가 성과에 미치는 영향에 관한 이론은 꽤 많은 편이다. 하지만 근본적으로 기업문화는 기업의 전략 및 전략 실행과 연결되어야 성과로 이어질 수 있다. 제임스 헤스켓은 기업의 문화와 전략은 끊임없이 상호작용하며 전략과 전략 실행에서 기업문화의 중요성을 특별히 강조한다.

"훌륭한 문화는 빈약한 전략도 살릴 수 있을까? 오랫동안 극단적으로 성과가 좋지 않았다면 불가능할 것이다. 하지만 문화는 더 성공적인 전략을 추구하면서 성과가 저조한 시기를 견디는 데 도움을 줄 수 있다. 훌륭한 전략과 상품이 조직에 있더라도 제대로 된 문화가 없다면 생존할 수 있을까? 당분간은 가능할 것이다. 하지만 문화가 제 역할을 못 하면 인재는 떠난다. 인재는 전략의 장기적 성공에 필수적이므로 빈약한 문화와 훌륭한 전략의 조합은 결국 실패하게 된다." ―『문화가 성과다』 중에서

또한, 견고한 기업문화는 기업의 전략 및 전략을 실행하는 방식과 잘 맞아떨어질 때 상상을 초월하는 결과를 가져온다고 말한다. 반대로 경영자가 전략이 조직문화에 미치는 영향을 고려하지 않는다면 제대로 된 성공은 불가능하다는 것이다. 제임스 헤스켓은 기업문화가 성과에 영향을 미치는 관계를 〈그림 1-3〉과 같이 설명한다.[7]

가장 먼저 눈에 띄는 것은 출발점으로서 공유가정과 가치체계(사명, 핵심가치)가 맨 위에 있다는 것이다. 즉, 가치체계는 전략과 그 실행 요소들을 기업문화와 연결해 구성원들의 인식과 행동 변화의 출발점이 되는 역할을 한다. 가치체계는 구성원들에게 조직에 대한 기대치를 가지게 하고 가치체계에 따른 행동양식을 선택하도록 유도한다. 이어서 구성원과 고객의 만족도와 충성도, 몰입도, 주인의식 등에 가시적 영향을 미치며 기업의 성장과 이윤 창출에 기여하는 컬처 사이클을 돌게 만든다.

---

[7] 제임스 헤스켓, 이동현 외 옮김, 『문화가 성과다』, 유비온, 2013

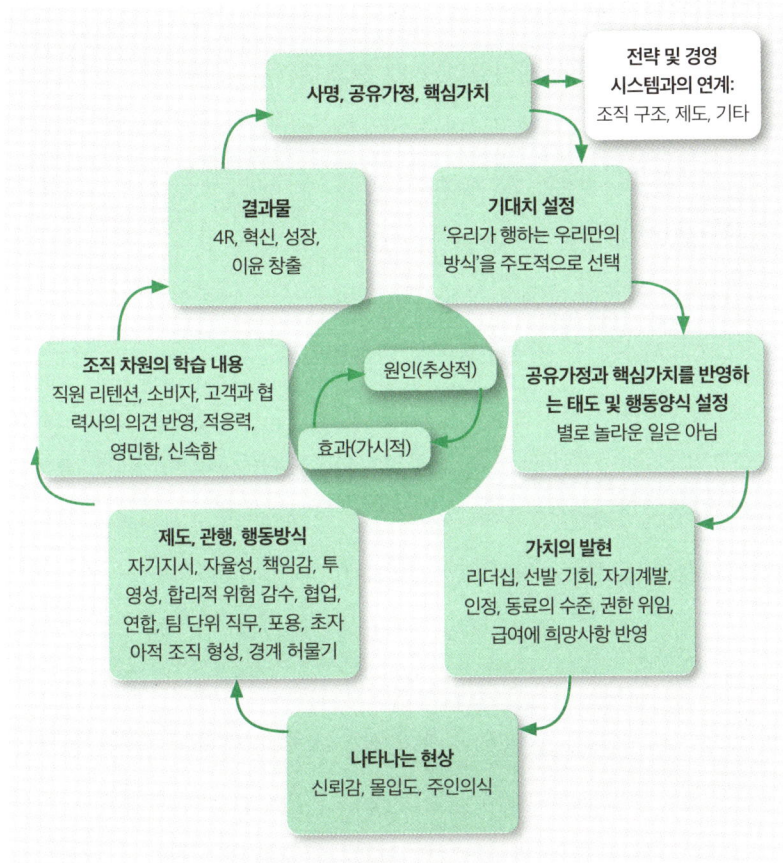

<그림 1-3> 컬처 사이클(Culture Cycle)

    반대로 문화가 기업의 전략, 실행과 소화를 이루지 못하면 문화는 전략을 방해하거나 전략이 문화를 퇴색시키는 경우도 있을 수 있다. 전략을 개발·실행하는 데 기업문화는 반드시 고려되어야 할 요소이며 기업문화는 전략과 같은 색이어야 한다.

2018년부터 2019년까지 2년은 세계 최고의 항공기 제조사 보잉(Boeing)에게 악몽과 같은 시기였다. 737 Max 8 기종이 연달아 추락하면서 안타까운 인명사고가 발생했고 100여 년 역사상 최대 위기를 맞았다. 한때 짐 콜린스가 '엔지니어협회'(Association of Engineers)라고 부르며 위대한 기업으로 평가했던[8] 보잉은 왜 갑자기 위기를 맞은 걸까? 항공기 조기 출시를 위한 날림 공정, 안전성 문제를 은폐하는 조직적인 부정 등이 지적되기도 했지만 가장 중요한 문제는 기업문화에서 비롯되었다.

1997년 경쟁사였던 맥도널 더글라스와 합병을 기점으로 GE 출신을 포함한 재무 중심 경영진이 늘어나기 시작했고 100년의 엔지니어링 문화와 명예가 서서히 쇠퇴하기 시작했다는 것이다.[9]

시애틀에 있던 본사를 시카고로 옮기면서 금융시장과는 가까워졌지만 4만 명의 엔지니어와는 2,700km 멀어졌고 그 격차만큼 전략의 방향성과 기업의 근간을 이루는 문화에 괴리가 생겼다. 엔지니어링에 대해서는 더 이상 말하지 않고 투자자의 주당 순이익, 경쟁사인 에어버스와의 경쟁에서 이기는 것이 전략에서 더 중요해졌다.

8　짐 콜린스, 제리 포라스, 워튼 포럼 옮김, 『성공하는 기업들의 여덟 가지 습관』, 김영사, 2009
9　Jerry Useem, 「The Long-Forgotten Flight that sent Boeing off Course」, The Atlantic, 2019, https://www.theatlantic.com/ideas/archive/2019/11/how-boeing-lost-its-bearings/602188/

에어버스에 업계 1위 자리를 빼앗긴 2011년, 에어버스 신기종을 견제하기 위해 개발에 오랜 기간이 소요되는 신형 항공기를 개발하기보다 50년 된 737 항공기를 개량하는 것으로 결정했다. 결정적으로 737 Max는 본체를 완전히 재설계해야 했지만 소프트웨어만 업그레이드한 것이다. 재무 수익만 좇는 속도전, 품질보다 비용절감에 중점을 둔 결정, 학습된 무기력 등이 복합적으로 작용해 위기를 초래했다. 재무 중심 전략이 틀렸다기보다 기업 내에서 오랫동안 지켜온 지배적 문화를 간과한 불일치는 어떤 전략도 성공할 수 없다는 교훈을 일깨워준다.

환경 변화의 속도만큼 새로운 전략을 민첩하게 디자인하는 것은 언제나 중요하다. 하지만 기업문화의 변화 속도는 그것보다 훨씬 느리고 어렵다. 예를 들어, 제품 중심의 하드웨어적 문화를 가진 기업이 플랫폼 또는 서비스 중심 전략으로 선회하려면 소프트웨어적 문화와의 차이를 이해하고 확보하는 것이 중요하다. 전략과 기업문화는 서로 의존할 수 있다. 전략의 속도를 높이고 성과를 내려면 기업 내 여러 요소가 문화와 잘 연계되어 있는지부터 반드시 살펴봐야 할 것이다.

〈Self Questions〉

1. 성장 목표치 달성을 위해 필요한 전략은 무엇인가?
2. 새로운 전략은 기존 미션을 달성하는 데 기여하며 충분한가?
  (목적에 맞는 투자 의사결정인가?)
3. 현재 주력사업의 특성상 요구되는 조직 차원의 역량은 무엇인가?

(속도, 민첩성, 창의성, 고객 중심, 개방성, 안전 등)

여기에 현재의 기업문화는 얼마나 기여할 수 있는가? 강점은 무엇인가?

4. 새로운 전략을 성공적으로 달성하는 데 필요한 활동과 역량은 무엇인가? 현재 기업문화에 녹아 있는 핵심가치는 이러한 활동을 강조하고 있는가?

(또는 새로운 전략 추진을 위해 기업문화적 변화가 수반되어야 하는가?)

5. 전략의 성공과 혁신이 기업문화의 구성 요소들에도 지속적으로 긍정적인 작용을 하는가?

(5) 지속가능한 성장을 만드는 가치체계

변화하지 않거나 변화가 필요 없는 기업은 없다. 변화는 기업의 상수이자 숙명이다. 변화관리 분야의 세계적 석학 존 코터$^{John\ Kotter}$는 기업의 혁신활동은 필연적으로 환경 변화에 맞춰 발전해야 하며 '외부의 변화에 대한 내부 대응'의 성공 여부로 성패가 결정된다고 주장한다.[10] 변화에 대응하는 방법은 수동적인(Reactive) 대응보다 주도적인(Proactive) 대응이 성공 확률을 높일 수 있다. 스스로 변화의 주체가 되지 못하면 결국 변화의 제물이 되는 시대다. 그러한 준비가 되었다면 외부의 환경 변화에 맞춰 변화의 방향, 속도, 실행 방법이 중요할 뿐이다. 이때 탁월한 전략과 견고한 기업문화가 조화를 이루어야 마침내 성공할 수 있다.

---

10   존 코터, 한정곤 옮김, 『기업이 원하는 변화의 리더』, 김영사, 1999

하지만 환경 변화의 속도는 갈수록 빨라지고 있고 그 변화의 폭도 크다. 코로나19가 닥친 2019~2022년의 세계를 생각해보라. 마이크로소프트 CEO 사티아 나델라는 "코로나19가 우리의 일상생활과 업무의 모든 면에 영향을 미치면서 전 세계는 불과 2개월 만에 2년 동안 이루어질 규모의 디지털 혁신이 진행되고 있다."라고 평가한 적이 있다. 변화의 속도는 역사 속에서 기업의 흥망성쇠에도 영향을 미치고 있다. 실제로 기업의 평균수명은 꾸준히 감소하고 있다.

20세기 초 S&P 500 기업의 평균 수명은 약 67년이었는데 최근 들어 20년 내외로 줄었을 것으로 추측하고 있다. 그 말은 적어도 20년 단위로 새롭게 혁신하지 않으면 살아남기 어렵다는 의미로 해석할 수 있을 것이다. 즉, 경영의 속도를 높여 항상 '스타트업과 같은 상태'(Stay Young)를 유지해야 한다는 뜻이다.

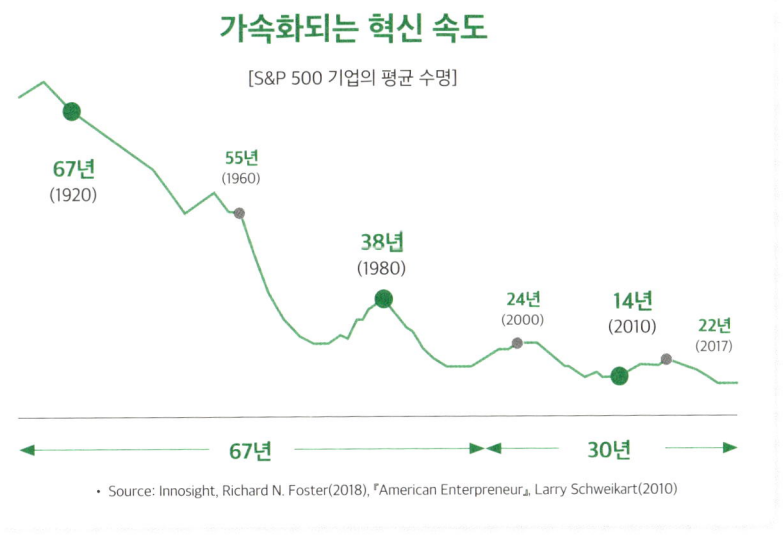

<그림 1-4> S&P 500 기업의 평균 수명

그동안 역사 속 변곡점에서 시대를 대표하는 기업들의 얼굴은 계속 바뀌고 있다. 현재의 강자는 '지식의 저주'로 인해 새로운 변화를 보지 못하고 다음 시대의 패자가 될 수 있다는 말을 실감한다.[11] 바로 직전 시대의 강자였더라도 변화를 거부했거나 변화에 늦었거나 제대로 변화하지 못한 경우(가짜 변화인 경우)에는 몰락이 필연적이었다. 그리고 앞으로 그 성적표를 받는 속도는 더 빨라질 것이다.

	매니지먼트 시대 (1862~1970년대)	전략의 시대 (1980~2000년대)	역동적 시대 (2010년 이후)
승자	U&S, AT&T, GM, Ford, ExxonMobil, SEARS, Kmart, Kodak, JPMorganChase	TOYOTA, Microsoft, intel, Walmart, GE, Canon, Walt Disney, COMCAST, IBM	Apple, Google, T, UBER, amazon, NETFLIX, PayPal, YouTube
패자	A&P, Zenith	Kodak('12 파산), xerox, LEHMAN BROTHERS('08 파산), city, Kmart, MOTOROLA	GE, YAHOO!, twitter, SEARS, hp, DELL, NOKIA

<그림 1-5> 시대별 승자의 변화

하지만 이런 가운데서도 몇 번의 역사적 변곡점을 이겨내고 100년 이상 끊임없이 혁신하며 성장하는 기업들이 있다. 그들의 공통점은 무엇일까? 당장 눈앞의 이익만 좇는 기업은 오래 가지 못한다. 먼 미래의 변화를 먼저 읽고 늘 올바른 방향을 추구해온 기업은 살아남았지만 그렇지 못한 기업은 아무리 거대해도 결국 역사 속으로 사라졌다. 위대한 기업들은 공통적으로 올

---

11   앤드루 맥아피, 에릭 브린욜프슨, 이한음 옮김, 『머신, 플랫폼, 클라우드』, 청림출판, 2017

바른 방향을 찾아가기 위해 "우리는 이 세상에 왜 존재하며 무엇을 추구하는가?" 진지하게 고민하고 이를 '어떻게 달성할 것인지'에 대한 자신만의 가치 기준을 가지고 있다. 이러한 가치체계는 그 기업을 특별하게 만들어주는 '자기다움'의 원천이 된다. 100년 기업들은 견고한 가치체계를 가진 덕분에 여러 번 위기의 순간을 극복했고 급변하는 환경 속에서도 방향을 잃지 않을 수 있었다. 고유한 가치체계가 없는 것은 제대로 된 지향점이 없는 것이며 남들을 흉내만 내고 따라가기만 할 뿐 자신의 가치를 증명하지 못한다는 뜻이다.

성공한 모든 기업은 변하지 않는 것(코어)을 지켜내고 선제적 변화 능력(민첩성)을 바탕으로 시대의 변화에 맞춰 진화해왔다. 100년 기업의 가치체계가 시간이 지나도 강력한 힘을 발휘하는 것은 멈춰 있지 않고 환경, 비즈니스, 사회 및 구성원의 가치관 변화에 맞춰 계속 진화해왔기 때문이다.

동시에 시대가 변해도 가치를 잃지 않는 본질적인 정신은 그 기업의 가치체계를 특별하게 만들어준다. 필자가 최근까지의 실적, 업계 위상 등을 고려해 12개 100년 기업을 살펴보면서 지속가능한 성장을 위해 공통적으로 발견한 가치체계의 역할과 작동원리는 다음 세 가지와 같다.

끊임없는 혁신의 원동력

흔들리지 않는 중심이 있어야 민첩하게 변화를 추진할 수 있다. 중심이 없으면 아무리 빨리 움직이더라도 금방 휘청거리거나 길을 잃을 수 있다. 가치체계는 자신만의 강점을 바탕으로 올바른 방향으로 혁신을 이끌어나갈 수 있도록 튼튼한 구심점 역할을 한다. 이미 변화한 환경에 적응하는 수동적 대처로는 더 나은 성과를 얻을 수 없다. 변화에 능동적으로 도전하려면 오래된 지도가 아니라 명확한 나침반이 더 가치있는 시대다. 그래서 미래를 준비하는 기업들은 자신들의 가치체계를 소중히 지키되 시대 변화에 맞게 끊임없이 재해석하고 확장해 나간다.

사회와의 소통

성과가 아무리 뛰어난 기업도 사회와 공감하지 못하고 사랑을 받지 못하면 더 멀리, 더 오래 가기 어렵다. 점점 더 스마트해지는 고객들은 그 기업이 추구하는 것이 무엇인지, 어떤 색을 가진 기업인지 묻고 있다. 정체성이 불분명하거나 말과 행동이 일관되지 않거나 올바르지 않은 선택을 하는 기업들은 신뢰를 잃고 더 이상 생존하기조차 어렵다. 가치체계는 바로 고객, 사회와 함께 진정성있게 소통하는 데 매우 중요한 연결고리 역할을 한다. 가치체계를 통해 서로 깊이 공감할 때 매력있는 기업으로서 미래를 함께 만들어갈 수 있다.

함께 성장하는 일터

많은 기업이 기업의 비전과 핵심가치를 가지고 있지만 모두가 높은 성과를 내고 구성원의 만족도가 높아지는 것은 아니다. 구성원들이 그 가치를 진심으로 공감하고 실천하지 않으면 그것은 액자 속 문구에 불과하다. 반면, 가치체계가 구성원들의 생각과 행동 속에 깊이 스며들고 다양한 제도로 뒷받침된다면 강력한 문화로 자리잡게 된다. 구성원 모두 분명한 방향에 따라 일하면 동료들 사이에 믿음이 생기고 각자 일의 의미와 보람을 느끼게 된다. 결국 가치체계를 바탕으로 한 강력한 문화는 혁신 속도를 빠르게 하고 새로운 인재들을 끌어들여 더 강한 기업으로 도약하는 기반이 된다.

2. 훌륭한 가치체계의 조건

(1) 변화관리의 시작, 제대로 된 가치체계

제임스 헤스켓은 기업문화를 다룰 때 가장 기본적이면서 우선적으로 고려해야 할 점은 기업의 사명, 기본 가정, 공유가치, 신념 등이 구체화될 수 있느냐는 것이라고 말한다.[12]

오래 전이지만 기업문화가 주목받기 시작한 1980년대 초 테렌스 딜(Terrence Deal)과 앨런 케네디(Allan Kennedy)가 80여 개 기업을 조사한 결과, 25개 기업만 제대로 된 일관성 있는 가치체계를 가지고 있었다고 한다.[13] 그리고 그러한 현상은 지금도 별로 다르지 않은 것 같다.

암묵적으로는 기업이 사명이나 미션을 가지고 있지만 겉으로 표방하지 않는 경우도 많고 매출이나 성과와 관련된 목표를 미션으로 착각하는 경우도 많다. 핵심가치, 조직문화를 구성하는 주요 요인 중 그 어떤 것에도 해당되지 않는 것을 마치 조직문화처럼 공유하기도 한다.

또한, 경영자나 구성원 그 누구도 조직문화의 중심으로서 미션과 가치

---

[12] 제임스 헤스켓, 이동현 외 옮김, 『문화가 성과다』, 유비온, 2013
[13] 테렌스 딜, 앨런 케네디, 『Corporate Cultures: The Rites and Rituals of Corporate Life』, Wesley Publishing Company, 1982

체계에 대해 진정한 관심이 없거나 홍보용 수단으로만 생각하는 경우, 가치 체계는 그때그때 필요에 따라 바뀌고 일관성 없이 짜깁기되다가 결국 아무 힘도 발휘하지 못하기도 한다.

야후^{Yahoo}는 매우 혁신적인 기업 중 하나였다. 세상에 없던 검색 엔진을 비즈니스 모델로 1995년 설립한 후 첫 해 140만 달러 매출이 불과 3년 후 2억 달러를 기록하며 경이적인 성장을 거듭했다. 순수 인터넷 회사로서는 최초로 기업을 공개한 1996년은 월스트리트의 중대 사건으로 기억되기도 한다. 하지만 곧이어 등장한 구글과의 경쟁이 치열해지는 가운데 2003년경 전 세계 인터넷 검색시장 주도권을 구글에 빼앗기게 된다.

이후 구글 출신 마리사 메이어$^{Marissa\ Mayer}$를 CEO로 영입하는 등 부활을 노렸지만 2016년 결국 인터넷 사업을 버라이즌에 매각하게 된다. 정말 드라마틱한 흥망성쇠 과정이다. 많은 사람들이 야후의 잦은 리더십 교체, 구글과의 비즈니스 모델이나 기술 격차 등을 지적하지만 필자는 꼭 그렇게만 생각하지는 않는다.

일례로 구글과 경쟁이 한창이던 2006년 「포춘」^{Fortune}지 수석기자가 당시 5년째 재임 중이던 테리 세멜$^{Terry\ Semel}$ CEO와의 인터뷰에서 야후의 미션을 묻자 "우리에게 별도의 미션이 있는지는 모르겠어요. 회사의 사명은 소비자에게 큰 가치를 제공하고 기본적으로 소비자를 소중히 여기는 것입니다."라고 대답했다고 한다.[14] 기업 고유의 미션과 전략에 대한 최고 경영자의 이

14　Adam Lashinsky, 「Yahoo's mission quest」, CNN, 2007, https://money.cnn.com/2007/02/01/technology/pluggedin_lashinsky_yahoo.fortune/index.html

해와 확신이 없는 것이다. 그리고 이러한 기업 내부의 분위기는 회사 역사 내내 지속되었던 것이다.

한 전문가의 분석에 의하면 IPO 이후 24년 동안 23번, 1년에 한 번 꼴로 사명 선언문이 바뀔 정도로 기업의 지향점이 불명확했다.[15] 미디어 컴퍼니, 인터넷 커뮤니케이션, 커머스, 사람들을 그들의 열정과 공동체, 지식으로 연결, 개인화된 인터넷 경험 등 그동안 미션에 오락가락하며 제시되었던 내용들은 그들의 핵심 사업을 일관성 있게 연결하는 방향성을 찾지도 못하고 설득력 있게 제시하지도 못했던 것이다.

기간	CEO	사명 선언문
1996~2001년	팀 쿠글(Tim Koogle)	6회 변경
2002~2009년	테리 세멜 + 제리 양(Jerry Yang)	6회 변경
2009~2012년	캐롤 바츠(Carol Bartz) 등 4명	6회 변경
2012~2015년	마리사 메이어	5회 변경

<그림 1-6> 야후의 미션 변경 추이

마지막 CEO였던 마리사 메이어는 2013년 다보스포럼 인터뷰에서 "매우 강력한 회사는 매우 강력한 문화를 가지며 야후도 예외가 아니다."라고 스스로 확신했지만 사실 강력한 문화를 가진 회사는 사명을 매년 바꾸지는 않는다.

---

15 Jean-Marie Le Ray, 「Yahoo's Mission」, 2015, https://translation20.blogspot.com/2015/07/yahoos-mission.html

반면, 마이크로소프트 CEO 사티아 나델라가 취임 초 새로운 사명 선언과 함께 보여준 가치체계에 대한 철학은 가치체계 운영의 방향성에 대한 깊은 통찰을 준다.

"우리 회사의 사명은 회사의 영혼을 설명하는 수많은 방식 속에 존재한다. 그리고 내가 처음 관심을 가진 것도 그것이었다. 우리의 사명과 세계관, 전략과 문화 사이의 전반적인 맥락과 연결에 대해 한 페이지로 정의했다. 공유된 비전을 바탕으로 새 회계연도를 시작하는 것이 중요하다. 일관성이 완벽함보다 낫다." ― 『히트 리프레시』 중에서

그리고 더 중요한 것은 그러한 미션을 달성하기 위해 '성장하는 사고'(Growth Mindset)라는 문화적 지향점과 고객중심, 다양성과 포용성, One Microsoft라는 세 가지 핵심 실천 방법 등을 명확히 구체화하고 일관되게 정렬한 것이다.

(2) 훌륭한 미션의 조건

먼저 미션에 대한 이야기를 해보자. 최근 많은 연구 결과는 기업의 목적이 탁월한 성과를 달성하는 데 실제로 도움이 된다고 주장한다. 토마스 맬나이트[Thomas W. Malnight]도 빠르게 성장하는 기업들을 대상으로 기업의 성장 동력이 되는 전략을 연구하다가 전혀 고려하지 않았던 새로운 성장 동력을 발견했다고 한다[16]. 바로 목적의식이었다.

대부분의 기업은 목적 또는 사명 선언문이라는 형식으로 미션을 정의하고 있다. 그리고 홈페이지, 광고, 사무실이나 공장마다 눈에 잘 띄는 곳에 게시하고 구성원들이 공동의 목표를 향해 강력한 동기부여가 되고 함께 힘을 모으는 데 도움이 되기를 기대한다.

어떤 경우든 미션이나 핵심가치를 명확히 제시하지 못하면 그 기업은 정체성(identity)이 없거나 결함이 있는 것처럼 보인다. 하지만 겉보기에 훌륭한 가치체계를 가지고 있더라도 어떻게 만들고 관리하느냐에 따라 전혀 작동하지 않기도 한다.

목적 선언문이 실제로 유명무실한 경우가 많다. 최근 베인앤드컴퍼니가 기업평판 플랫폼인 글래스도어(Glassdoor)에 올라온 미국 내 81개사에 대한 리뷰 81만 건을 분석한 결과,[17] 회사 구성원들이 회사의 목적이 명확하고 업무에 의미가 있다고 생각하는 경우는 거의 없었다.

응답자의 불과 3% 미만이 회사의 목적을 언급했다. 내용 면에서도 부정적인 내용이 긍정적인 내용만큼 자주 언급된 것으로 밝혀졌다. 다만, 기업이 목적을 진지하게 받아들일 때만 목적 선언문이 구성원과 다른 이해관계

---

[16] 토마스 맬나이트, 「목적이 전략의 핵심이 되게 하라」, Harvard Business Review, (2019)
[17] 대럴 릭비, 잭 퍼스트, 안나 코코메, 「말로만 그치지 않는 목적 선언문, 무엇이 다를까?」, Harvard Business Review, 2024, https://www.hbrkorea.com/article/view/atype/di/category_id/1_1/article_no/1119/page/1

자에게 영감을 주고 동기를 부여해 그들의 행동과 팀워크에 도움이 된다는 사실을 확인했다.

훌륭한 미션이란 무엇일까? 매우 단순한 질문이지만 상당히 어려운 질문이다. 어떤 기업은 매출 목표나 업계 순위를 제시하고 또 어떤 기업은 지구환경, 인류사회의 안녕·발전과 관련된 담대한 내용을 담기도 한다. 구성원들의 열망을 불러 일으키고 역량을 하나로 모아 지속가능한 성장 동력이 될 수 있는 훌륭한 미션은 과연 무엇일까?

니코스 마우르코지아니스$^{Nikos\ Mourkogiannis}$는 기업에 활력의 근원을 제공하고 열망을 강하게 자극하는 네 가지 유형의 목적을 소개한다.[18] 어떤 유형의 목적을 선택하든 기업이 속한 업(業)의 특성, 경쟁 상황, 비즈니스 모델 등 다양한 특성을 종합적으로 고려해야 할 것이다.

- 발견: 언제나 새로운 것을 추구하며 모험과 혁신으로서의 도전
- 탁월함: 단기 성과를 위해 타협하지 않는 높은 기준치
- 이타주의: 고객, 직원이 주요 목적이고 수익은 뒤따르는 것이라는 가정
- 영웅주의: 전체 산업과 인간의 생활방식까지 변화시키려는 계획

<그림 1-7> 강한 열망을 자극하는 기업 목적의 네 가지 유형

---

18 니코스 마우르코지아니스, 부즈 앤 컴퍼니 옮김, 『목적: 우리는 무엇을 추구해야 하는가?』, 청림출판, 2008

필자는 경제적 가치와 사회적 가치를 동시에 추구하면서 높은 성과를 내고 있는 글로벌 기업들을 대상으로 그들의 미션을 조사한 적이 있다. 그들의 미션에서 공통적으로 발견되는 특징이 있다. 기업 고유의 차별화된 특성이 반영된 원대한 목적을 간결한 단문형 표현을 통해 이해관계자들이 쉽게 이해하고 공감할 수 있게 하고 열망을 자극하는 것이다. 피터 드러커[Peter Drucker], 짐 콜린스[Jim Collins] 등 세계적인 학자들이 공통적으로 제시한 훌륭한 미션의 조건과 일치하는 것이었다.

공통조건	내용	형태
	• 유니크한 사업특성 및 차별화된 고객가치 반영 • 인류·사회에 대한 공헌 등 원대한 목표 제시	• 임직원 공감·전파 용이
Microsoft	지구상 모든 개인과 조직이 더 많은 것을 달성할 수 있도록 힘을 실어준다.	• 미션 또는 비전 둘 중 하나만 사용 - 하나만 사용(86%), 모두 사용(13%), 없음(1%)

G	세상 모든 정보를 모두 접근 가능하고 유용하게 만든다.	• 대부분 단문형 표현
		  - 서술형(25%) < 단문형(60%), 기타(15%)
		• 간결한 표현
		  평균 15개 단어 사용(삼성 21개)

SIEMENS •Our purpose	우리는 세상에 기여한다. 우리는 모든 이해관계자를 위해 새로운 가치를 창출한다. 우리는 세상에 필요한 일을 현실로 만든다.	- MS 12개, Google 12개, Siemens 14개 단어 사용

<그림 1-8> 글로벌 기업들의 미션의 특징

이러한 특징을 바탕으로 미션을 수립할 때 도움이 될 만한 **팁**을 다음과 같이 도출해 보았다.

팁 1: 기업의 자기다움을 담아라

워싱턴대 경영전략 교수 토드 젠거[Todd Zenger]는 "지속적으로 성장하는 기업들은 일관되고 명확한 자신만의 가치창출의 토대 위에 세워진다. 기업 고유의 가치창출 토대는 전략 그 이상이며 경쟁의 지도보다 우위의 것이다."라고 말한다.[19] 기업 고유의 가치창출의 토대는 업의 본질이나 기업의 핵심 경쟁력 등을 포함한다. 만약 지멘스Siemens와 같이 에너지, 통신, 철도 등 산업 인프라(infrastructure) 사업을 하는 기업이 B2C기업처럼 빠르게 급변하는 고객의 니즈에 중점을 두는 것은 업의 본질과 다르며 비즈니스 성장 동력의 전부를 설명하지는 못할 것이다. '산업 인프라'의 업의 본질은 산업의 주기가 매우 길기 때문에 단기적이고 경기 사이클적 전략으로는 진짜 다가올 미래를 대비하는 데 한계가 있다. 오히려 훨씬 먼 미래의 트렌드에 의해 생존이 결정되는 것이다. 그래서 지멘스의 미션에는 미래를 센싱하는 것, 미래 지향(Futurism)이 깊이 자리잡고 있다. 상설 미래예측 전담팀(Picture of Future)은 지멘스의 미션을 달성하는 데 없어서는 안 되는 조직인 것이다.

기업 고유의 목적, 미션을 찾는 데는 토마스 맬나이트가 제시한 방식[20]이 도움이 될 것이다. 기업의 과거와 미래를 동시에 살펴보고 그 교집합에 위치한 자기다움(Originality)을 찾아보는 것이다. 먼저 회고적 접근방식은 기업이 기존에 갖고 있던 존재 이유가 무엇인지 고민한다. 과거를 돌아보며 조직적, 문화적 DNA를 체계화하며 기업의 역사를 이해해야 한다. 반면, 전망적 접근방식은 미래를 내다보고 활동하려는 폭넓은 생태계를 점검해 영향력을 행사할 수 있는 잠재력을 평가해야 한다. 다시 말해 과거를 되돌아보는

---

19 토드 젠거, 「What is the Theory of your Firm?」, Harvard Business Review, 2013
20 토마스 맬나이트, 「목적이 전략의 핵심이 되게 하라」, Harvard Business Review, 2019

것은 기업의 내부에서 본질(Core)에 대한 깊은 통찰(Insight)을 발견하는 것이며 미래를 내다보는 것은 기업의 외부에서 변화의 방향성(Foresight)을 찾는 것이다.

회고적 접근방식	전망적 접근방식
• 우리는 어디서 왔는가? • 어떻게 여기까지 왔는가? • 모든 이해관계자에게 우리는 어떤 고유한 의미로 다가가는가? • 우리가 가진 DNA로 미래의 기회를 찾을 수 있는 곳은 어디인가?	• 우리는 어디로 갈 수 있을까? • 사업에 영향을 미치는 트렌드는 무엇인가? • 새로운 니즈와 기회, 도전과제는 무엇인가? • 우리가 원하는 미래를 열어가기 위해 어떤 역할을 해야 하는가?

<그림 1-9> 기업의 미션을 찾는 두 가지 접근방식

만약 순서가 있다면 필자는 회고적 접근방식의 중요성을 강조하고 싶다. 경영학 교수 조지 데이비드 스미스^{George David Smith}는 "역사는 정체성의 원천이며 미래를 위한 전략을 개발하는 데 도움이 된다. 리더들이 역사를 반복적으로 이야기해야 하는 이유다."라고 말한다.[21] 1990년대 IBM의 위기에서 루 거스너^{Louis V. Gerstner}는 토머스 왓슨^{Thomas J. Watson}의 연설문으로부터 위기를 돌파할 해법을 찾았고 1980년대 빈사 상태이던 디즈니를 구한 마이클 아이스너^{Michael Eisner}는 월트 디즈니^{Walt Disney}가 1957년 한 장의 쪽지에 그렸던 디즈니 레시피(The Disney Recipe)를 복원해 디즈니 르네상스를 극적으로 이끌어 냈다. 마이크로소프트 CEO인 사티아 나델라는 그 누구보다 기업의 자기다움을 중시하고 그것으로부터 모든 변화를 만들기 시작했다.

---

[21] 조지 데이비드 스미스, 고정아 옮김, 『경영불변의 법칙』, 거름, 2001

"그날 내가 강조하려던 주제는 세상에서 마이크로소프트가 사라진다면 사람들이 무엇을 잃을지 고민해보자는 것이었다. 마이크로소프트는 무엇을 위한 기업인가? 우리가 존재하는 이유는 무엇인가? 우리를 특별한 존재로 만드는 우리의 영혼을 다시 찾아야 했다. 마이크로소프트는 모든 사람과 조직이 강력한 기술에 접근할 수 있는 길을 열어주는, 다시 말해 기술을 대중화하는 회사로서 영혼을 다시 찾아야 했다. 자신의 강점을 외면한 기업은 성공할 수 없다. 우리는 영혼을 잃지 않았다. 하지만 영혼을 부활시키고 부흥시켜야 했다. 1970년대 빌 게이츠와 폴 앨런은 모든 가정, 모든 책상에 컴퓨터를 보급하겠다는 목표를 세우고 시작했다. 마이크로소프트의 창립 목표가 자신의 힘을 대중화하는 것이 아니었다면 「포춘」 500 기업이 결코 되지 못했을 것이다."

— 『히트 리프레시』 중에서

마이크로소프트는 창업 당시 미션으로부터 '기술의 대중화'(Empowering)라는 영혼을 다시 발견했고 미래로부터 '모바일과 클라우드' 중심의 전략적 방향성을 찾아냈다.

팁 2: 차별화된 고객가치를 제시하라

많은 기업이 미션이나 비전을 정할 때 기업의 입장에서 특정 상태에 도달하는 것을 제시하고 있다. 동종 업계 최고 기업, 사회로부터 사랑받는 기업, 지속적으로 성장하는 기업 또는 어느 시점까지 매출이나 영업이익, 시장점유율 등에서 1위를 차지하겠다는 목표를 미션과 혼동해 내세우기도 한다. 하지만 돈을 버는 것은 어떤 목적의 결과가 될 수는 있지만 그 자체로는 어떤 행동 변화를 일으키는 핵심적인 동기부여나 도덕적인 책임감을 수반하지는 못한다.

차별화된 고객가치를 담기 위해서는 두 가지를 고려하기 바란다. 먼저 고객 관점으로 전환하는 것이다. 고객의 입장에서 어떤 가치를 제공하려고 하며 사회에 어떤 긍정적인 변화나 영향을 미칠 것인지 명확히 전달하는 것이 중요하다. 이러한 관점은 "이 일을 왜 하려고 하는가?", "이 일이 왜 중요한가?"라는 질문과 관련된다. 이때 제공하는 가치는 기능적 가치와 같은 1차적 가치를 넘어 사회적 가치, 정서적 가치 등 고차원적인 가치를 찾기 위해 깊은 고민이 필요하다. 필자가 사용한 방법은 현재 기업이 제공하는 제품과 서비스군을 먼저 나열해보고 그것들의 기능적 가치를 각각 도출해보는 것이었다.

예를 들어, 편리함, 소통, 속도, 질병 치료, 보안 등이다. 그 다음에는 이러한 가치들로 인해 궁극적으로 달성하는 본질적인 가치 또는 변화를 탐구해보는 것이다. 예를 들어, 소통의 가치는 사람들의 연결(Connectivity)이나 건강한 공동체(Community)를 꿈꿔볼 수 있으며 질병 치료는 궁극적으로 풍요롭고 건강한 삶(Healthiness)이나 장수(Longevity)와 같은 가치들과도 연결될 수 있다. 또는 고독 해소, 고통 해소와 같이 반대 관점에서 본질적 가치를 찾아보거나 범주형 관점의 접근을 시도해볼 수도 있다. 그리고 대체로 이러한 본질적 가치는 시간이 흘러도 변하지 않는 것과 관련 있다.

아마존의 CEO 제프 베조스[Jeff Bezos]는 한 인터뷰에서 "10년 후에는 무엇이 변할 것인가보다 10년 후에는 무엇이 변하지 않을 것인가라는 질문이 비즈니스 전략에서 더 중요하다."라는 생각을 제시한 적이 있는데 이러한 접근

방식도 본질적 가치를 탐색하는 데 매우 유용하게 적용해볼 수 있다.

다음 고려사항은 고객과 사회의 관점에서 도출한 가치들의 리스트에 대해 기업의 비즈니스와 핵심 경쟁력을 토대로 실현 가능성과 함께 BHAGs(Big Hairy Audacious Goals)[22], 즉 크고 어렵고 대담한 목표의 기준에서 오랫동안 혁신과 성장을 이끌어내는 동력이 될 만한 가치인지 판단하는 것이다.

이러한 판단은 "우리는 이 일을 할 준비나 계획이 되어 있는가?", "우리의 비즈니스는 찾아낸 가치를 위해 충분히 확장될 수 있는가?"라는 질문과 관련 있다. 현재의 비즈니스나 제품에 한정되어 근시안적 가치를 찾으면 오히려 변화의 희생양이 되거나 더 큰 성장의 발목을 잡을 수 있다. 미션이 추구하는 가치가 유연성과 확장성을 가지는 것은 담대한 미래를 꿈꾸고 기대하도록 만드는 데 매우 중요하다. 반대로 너무 막연하고 광범위한 가치는 방향성을 잃게 만들고 허약한 전략의 원인이 되어 기업의 성장을 방해하기도 한다.

앞에서 언급했던 야후 사례를 활용해보자. 2006년 야후의 사명은 "소비자와 기업을 위한 가장 필수적인 글로벌 인터넷 서비스가 되는 것입니다."였다. 이는 꽤 광범위한 내용이었지만 어떤 고객가치를 줄 수 있는지 명확하지 않았던 것은 분명하다. 그리고 결과적으로 구글이 검색을 기반으로 훨씬

---

22   짐 콜린스, 제리 포라스, 워튼 포럼 옮김, 『성공하는 기업들의 여덟 가지 습관』, 김영사, 2009

더 필수적인 인터넷 서비스가 되면서 야후의 사명은 탈선하게 된다. 바로 다음해 내부적으로 조용히 공개된 사명은 다음과 같다. "우리의 사명은 열정, 커뮤니티, 전 세계의 지식에 연결하는 것입니다. 이를 보장하기 위해 야후는 연결, 데이터, 사용자 참여를 활용해 독특하고 차별화된 사용자 경험과 소비자 통찰력을 창출하기 위해 광범위하고 심층적인 제품과 서비스를 제공합니다." 이러한 미션을 보고 그 회사가 하려는 일의 핵심이 무엇인지, 핵심 경쟁력이 무엇인지 그려진다면 성공적일 것이다. 다만, 당시 야후의 초점은 엔터테인먼트 분야였다.

반면, "세계의 정보를 정리하고 보편적으로 접근 가능하고 유용하게 만든다."라는 구글의 사명 선언문은 여전히 구글의 성장과 혁신을 이끌고 있다. 즉, 위치, 지도, 교통, 책, 질병, 기후 등 인류의 삶과 관련된 모든 정보는 구글의 사업 영역에 항상 포함되어 있다.

팁 3: 기억에 남도록 명확하고 분명히 전달하라

기억에 남고 의미가 분명한 미션이 중요한 것은 맞지만 사실 표현방식만 두고 어떤 미션이 좋고 나쁘다는 판단은 섣불리 할 수 없다. 미션 선언문에는 그 기업만 가진 고유의 맥락이 있기 때문이다. 그 맥락에는 그 기업의 사업영역, 제품과 서비스, 핵심 경쟁력 또는 강점, 역사적 경험, 기업의 브랜딩, 대내외 메세지 등이 모두 포함된다.

예를 들어, 현재 3개사로 분할하기 전 전성기의 GE는 "발명을 통해 새로운 산업 시대를 열고 세상을 건설하고 이동시키고 움직이며 치료한다."라는 미션을 가지고 있었다. GE만의 기업 정체성이 느껴지는가?

대담해 보이는 한편, 거대 복합기업이던 GE의 사업영역의 핵심을 잘 담은 것 같다는 생각도 든다. 어떤 독자는 다소 심심하다고 느낄 수도 있을 것이다. 하지만 여기서 '발명'이라는 단어를 눈여겨 보는 것이 좋다.

GE는 발명으로 새로운 시대를 열었던 창업자 토마스 에디슨[Thomas Edison]의 상상력과 발명을 계승하는 정통성을 담아내고 있다. 그리고 이러한 철학은 2003년 미션을 캐치프레이즈화해 제시한 '상상을 현실로'(imagination at work)에서도 일관되게 반영되고 있는 것이다. 물론 GE의 미션과 캐치프레이즈가 성공적이었는지 여부는 전략과 실행, 기업문화적 부분까지 다양한 요소가 연관되어 있지만 미션에 담아야 할 고유 정체성에 대한 훌륭한 길잡이는 될 것이다.

반대의 예를 살펴보면 더 확실히 느껴질 것이다. "의미있는 혁신을 통해 사람들의 삶을 개선한다.", "소비자에게 최고의 품질과 가치를 지닌 제품과 서비스를 제공한다."와 같은 미션 선언문은 그 기업에게는 아쉬운 일이지만 당장 다른 기업에 적용해도 크게 틀리지는 않을 것이다.

미션 선언문이 특별할 필요는 없다. 오히려 많은 기업의 미션은 비슷한 경우가 많다. '행복', '인류의 발전', '소비자 만족' 등 궁극적인 가치들이 그렇다. 다만, 그 미션을 '어떤 방식으로 실현하려고 하는지', '무엇이 차별화되는지' 등을 기업만의 역사적 전통, 사업의 특징, 고객가치 등과 연결해 정체성이

드러날 수 있도록 표현한다면 그 기업에게는 훌륭한 미션 선언문이 되는 것이다. 그래서 훌륭한 미션 선언문은 한두마디 키워드로 요약될 수도 있는 것이다. 〈그림 1-10〉은 필자가 영감을 얻은 기업들의 미션 선언문을 일부 옮겨 온 것이다.

기업	미션 선언문	정체성 키워드
마이크로소프트	지구상 모든 개인과 조직이 더 많은 것을 달성할 수 있도록 힘을 실어준다.	힘을 실어준다
구글	세상 모든 정보를 모두 접근 가능하고 유용하게 만든다.	정보체계 구축
테슬라	지속가능한 에너지로의 전환을 가속화한다.	지속가능한 에너지
코카콜라	세상 사람들의 마음, 몸, 영혼을 새롭게 한다. 우리의 브랜드와 활동을 통해 낙관과 행복의 순간을 고취시킨다.	새롭게 하다
스타벅스	인간의 영혼을 고취시키고 성장시킨다. 한 사람마다 한 잔의 커피로 주변과 함께.	영혼을 고취시키다
디즈니	비교할 수 없는 스토리텔링의 힘을 통해 전 세계 사람들을 즐겁게 하고 영감을 준다.	스토리텔링 (싱싱)
페이스북	사람들이 공동체를 만들어 세상을 더 가깝게 만들 수 있도록 돕는다.	공동체

월마트	사람들의 더 나은 삶을 위해 돈을 아낄 수 있도록 돕는다.	절약 (저가)
알리바바	어디서나 사업을 쉽게 할 수 있도록 돕는다.	제3자 플랫폼

<그림 1-10> 글로벌 기업들의 미션 선언문 예

마지막으로 한 가지 분명한 것은 미션 선언문은 모든 기업활동의 본질을 관통하며 방향성을 제시하는 것이므로 구성원, 이해관계자 등이 서로 다르게 해석하며 혼란을 일으킬 정도로 정의가 불분명한 것은 바람직하지 않다는 것이다. 유연성과 확장성을 가진다는 것과 정의가 불분명하다는 것은 전혀 다른 이야기다.

미션에 대한 혼란을 해소하는 커뮤니케이션 비용만 하더라도 기업의 에너지를 낭비하게 한다. 너무 장황한 나머지 전달하려는 핵심 내용이 무엇인지 전혀 알 수 없는 경우가 있다. 앞에서 야후가 23개 미션 선언문에서 사용한 단어는 평균 56개에 달한다. 자주 등장하는 단어들을 워드 클라우드로 분석하면 서로 관계 없는 단어가 40여 개 나타난다.[23] 이러한 유형의 목적 선언문은 특별히 기억에 남지 않아 외우기 어렵다. 모든 것을 설명하는 것보다 핵심을 직관적으로 전달하는 데 집중하는 편이 훨씬 낫다.

---

23   Jean-Marie Le Ray, 「Yahoo's Mission」, 2015, https://translation20.blogspot.com/2015/07/yahoos-mission.html

(3) 훌륭한 핵심가치의 조건

"사악하지 말라."(Don't be evil.)라는 명령어 같은 문구는 기업문화 담당자들에게 낯익을 것이다. 알파벳(Alphabet)으로 사명과 기업 거버넌스를 바꾸면서 "옳은 일을 하라."(Do the right thing.)라는 많이 순화된 표현으로 바뀌었지만 구글의 열 가지 핵심가치 중 하나로 강력한 인상을 준 일종의 윤리 준칙이다.

구글 초창기인 2001년 에릭 슈미트Eric Schmidt가 CEO로 합류하면서 핵심가치를 정립하는 가운데 내부 회의에서 한 엔지니어의 아이디어로 처음 등장했다고 한다. 나쁜 일을 하지 않고도 돈을 벌 수 있다는 이 담대한 선언은 실제로 내부 주요 의사결정에도 중요한 영향을 미치며 관련 스토리들이 회자되었고 외부에서 구글을 바라보는 기대나 평가 기준이 되기도 했다. 기업 내부에서 발생한 정보가 아닌 외부의 다양한 정보를 수집해 광고를 통해 수익을 창출하는 비즈니스 모델에서는 기업의 지속적 생존과 성장을 위해 무엇보다 중요한 가치 판단 기준이 되는 것이다.

회사의 미션과 전략을 성공적으로 실현하려면 공통적인 행동양식이 필요하다. 회사 홈페이지나 지속가능보고서, IR 자료 등 대외적인 커뮤니케이션 자료를 비롯해 다양한 사내 교육자료나 게시물에서는 회사의 핵심가치를 무엇보다 공들여 소개하고 있다. 그럼에도 불구하고 구성원들은 자신이 속한 회사의 핵심가치가 무엇인지 잘 모르는 경우가 많다. 실제로 HR 리더 중 직원 대부분이 핵심가치를 잘 알고 있으리라 믿는다고 답한 비율은 38%에 불과하다는 조사 결과도 있다.[24] 현실은 이보다 더 심각할 수 있다. 보고서나 회의에서 반복적으로 언급하거나 다양한 이벤트를 동원하는 바람에 잦은 노출에 피로감과 거부감을 느끼거나 아예 무관심한 경우도 많을 것이다. 반복적인 노출 전략은 각인효과에는 충분히 도움이 되겠지만 필자는 그보다 더 중요한 조건이 있다고 생각한다.

앞에서 미션을 조사했던 글로벌 기업들을 대상으로 그들이 가진 핵심가치의 특징도 살펴보았다. 이 핵심가치들에는 산업과 고유한 비즈니스의 특성이 잘 담겨 있으며 현재와 미래의 사업을 이끌어가는 데 필요한 구체적인 행동가치들이 조화를 이루고 있었다. 또한, 구성원들의 일상적인 대화에서도 쉽게 회자되고 행동으로 옮길 수 있을 만큼 기억에 각인될 만한 표현들을 사용한 기업들도 확인할 수 있었다.

■ 기업의 정체성과 비즈니스와 연계된 미래가치를 현장 실천 중심으로 제시 → 문구형
- 창의적·혁신적 기업문화, 개방적 조직을 통해 급변하는 경영환경 및 시대변화에 민첩하게 대응

	내용	형태
공통조건	• 고유 정체성 + 비즈니스와 연계된 미래가치 ※ 개방과 협력, 준법, 책임, 고객중심	• 직관적인 '행동' 중심의 표현 ※ 평균 6개(각 3~4개 단어 활용)
Microsoft	존중, 정직, 책임	우리는 정직하고 윤리적이며 신뢰를 얻는다. [문장형]

---

[24] Julian Lina, 「Most employees don't know their company's corporate values」, https://www.fond.co/blog/new-data-company-core-values/

IBM	고객의 성공, 혁신, 신뢰	모든 고객들이 성공할 수 있도록 헌신한다. [문구형]
G	열망, 공동체, 고객, 헌신, 재미, 정직, 성장, 존중	구글에서 일하는 것을 즐긴다. 주체적으로 행동한다: "당신이 곧 구글이다." [문장형]
SIEMENS Our purpose	책임, 최고, 혁신	반드시 윤리적이고 책임감 있게 행동한다. [문장형]

<그림 1-11> 글로벌 기업들의 핵심가치의 특징

이를 바탕으로 핵심가치를 도출할 때 도움이 될 만한 팁들을 다음과 같이 정리해 보았다.

팁 1: 기업 고유의 성공 방정식을 찾아라

보통 핵심가치에는 창업자의 철학, 가치관을 바탕으로 초창기 사업을 성공으로 이끌며 축적한 성공 방정식이 담겨 있기 마련이다. 그것은 시간이 흘러도 암묵적 가정으로 단단히 자리잡아 기업문화의 근간을 이루기도 한다. 역사 속에서 축적된 방식이 아직 구체화되어 있지 않다면 이를 파악하는 것이 시작이다.

창업자와 구성원 간의 대화 또는 대내외 인터뷰와 연설문, 주요 변곡점이 된 사건들에서 드러난 의사결정 기준, 그리고 구성원들 사이에서 의미 있는 것으로 회자되는 업적이나 사건의 행동적 요소들을 모아보면 기업이 경쟁을 이겨내고 미션을 달성하는 데 필요한 고유의 행동방식을 찾을 수 있을 것이다.

이케아(IKEA)는 1943년 스웨덴에서 설립된 글로벌 가구기업이다. 이케아가 전 세계에서 많은 사랑을 받는 이유는 디자인과 가격 때문일 것이다. 이케아의 디자인 철학을 '민주적 디자인'(Democratic Design)이라고 말하는데 더 많은 사람이 우수한 디자인의 제품을 사용할 수 있도록 디자인과 생활의 민주화를 이룬다는 것이다.

이는 "더 많은 사람을 위해 더 나은 일상을 창조한다."라는 이케아만의 미션을 잘 반영한 것이다. 그 성공의 중심에 창업자 잉바르 캄프라드[Ingvar Kamprad]의 특별한 경영철학이 자리잡고 있다. 1976년 동료들에게 전한 '한 가구상의 증언'이라는 14쪽짜리 글에서 이케아의 지향점을 명확히 밝혔다. "우리는 다수의 편에 서기로 했다."라는 담대한 선언과 함께 이를 위한 행동양식을 정리했다.

〈한 가구상의 증언〉(1976년)

1. 다양한 제품군을 생산하며 뛰어난 기능과 품질의 제품을 합리적 가격에 제공해야 한다. 기본 제품군은 고유의 스타일을 갖춰야 한다. 스칸디나비아 지역에서는 이케아 스타일, 국제적으로는 스웨덴 스타일로 인식되어야 한다.
2. 이케아 정신은 열정, 혁신, 비용절감, 책임감, 단순함이다.
3. 수익창출은 투자를 위한 전제 조건이다. 혁신을 위한 자원을 구축하기 위해 경제적으로 생산하고 효율적으로 구매하라.
4. 자원 낭비는 인류의 가장 나쁜 병폐다. 제한된 자원으로 최상의 결과를 내는 것

이 이케아의 방식이다.

5. 단순함이 미덕이다. 관료화된 조직과 복잡한 계획은 회사를 망친다. 단순함과 겸손함으로 서로를 대하고 협력업체를 대해야 한다. 우리의 지위를 보여주는 어떠한 상징도 필요 없다.
6. 다른 방식으로 일하라. '왜'라는 질문을 항상 자신에게 던져라. 우리는 기존 방식을 따르기보다 새로운 길을 찾아야 한다.
7. 집중하라. 하나의 제품, 하나의 시장, 일의 각 단계마다 최소한의 자원으로 최대의 효과를 내려면 집중해야 한다.
8. 결정하고 책임지는 것은 권리이자 의무다. 잠자는 자는 실수하지 않는다. 일하는 자만 실수한다. 실수를 두려워한다는 것은 조직이 관료화되었다는 뜻이다.
9. 우리의 미래는 밝고 아직 할 일이 많다. 내 사전에 불가능이라는 단어는 없다. 우리는 서로에게 더 나은 동료, 더 좋은 인간이 되어야 한다.

이케아는 "낮은 가격은 다른 모든 것에 우선한다."라는 대원칙을 가지고 있다. 그것이 지금까지 성공 방식이고 '가구의, 디자인의 대중화'라는 미션을 달성하는 데 없어서는 안 될 가치 판단의 중심으로 역할하고 있다.

현재는 "단순하게 행동하라. 책임을 위임하고 받아들여라. 현장을 이해하기 위해 노력하라. 남과 차별화하는 용기를 가져라. 원가 의식을 가져라."

와 같이 단순 명료한 핵심가치를 유지하고 있다. 창업자의 철학과 당부가 고스란히 계승되어 있다. 그리고 이 핵심가치만으로도 이케아만 가진 특별한 행동과 선택들을 이해하고 예측하는 데 충분하다.

팁 2: 미션, 전략 실행에 필요한 행동을 찾아라

핵심가치가 미션과 전략 실행에 필요한 가치와 행동양식을 담아야 하는 것은 맞지만 비즈니스 현장에서 선택이 필요한 가치 판단의 상황과 규율해야 하는 행동방식은 너무 다양하고 많다. 수많은 선택지 중에서 어느 것을 중요하다고 판단해 선택해야 하며 어디까지 담아야 할지, 과연 어느 정도면 조직의 안정과 비즈니스 혁신에 충분하다고 할 수 있을지 쉽게 판단하기 어렵다.

게다가 더 어려운 것은 조직문화의 다양한 속성들은 삶의 문제와 비슷하게 서로 상충되거나 모순된다는 점이다. 기업으로서 품질 등과 관련된 완벽을 추구하는 것, 리스크를 최소화하는 것은 매우 중요하다. 다만, 고객의 변화 속도에 맞추고 파괴적 혁신을 위해서는 완벽과 신중함보다 실험과 실패, 위험 감수(risk taking)의 태도가 더 필요할 수도 있다. 이런 점에서 미션을 강력 지지하는 데 필요한 행동들이 무엇인지 종합적으로 검토해볼 방법이 필요할 때가 있다.

이때 필자는 퀸(Quinn)과 킴벌리(Kimberly)의 경쟁가치모형(Competing Values Framework, CVF)[25] 을 유용하게 활용한다. 경쟁가치모형은 모순적이고 배타

---

[25] 퀸 & 킴벌리, 1984

적인 두 쌍의 가치들에 대해 조직이 지향하는 가치를 기준으로 문화 유형을 구분하는 프레임워크다.

조직문화의 특성을 해석하고 다양한 조직문화의 가치 요소들을 포괄적으로 분석하는 데 많은 도움이 된다.

첫 번째 축은 조직 구조(Structure)의 경직성 정도에 따라 유연성과 통제로 구분한다. 두 번째 축은 조직이 어디에 초점을 두는지에 따라 내부와 외부로 나뉜다. 두 가지 축은 〈그림 1-12〉와 같으며 구분된 사분면을 통해 조직문화 유형을 네 가지로 나눌 수 있다.

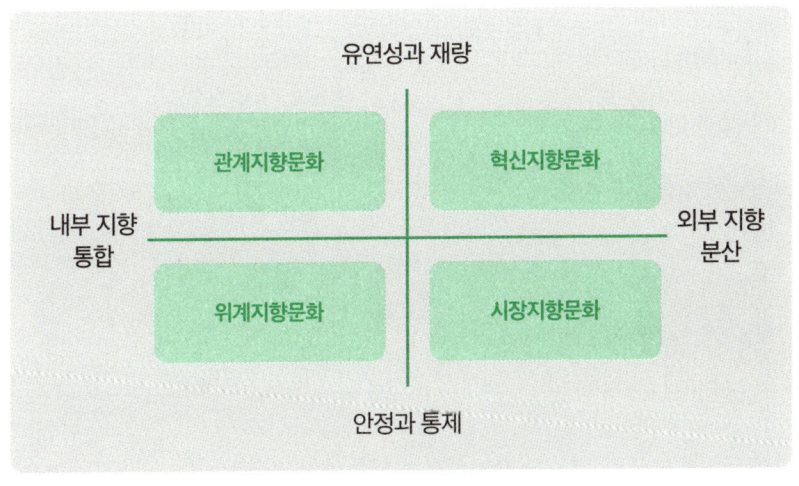

<그림 1-12> 퀸의 경쟁가치모형

다음으로 각 유형에서 추구하거나 지배적인 가치를 활용하면 회사에 필요한 핵심가치 리스트를 조직문화의 모든 측면에서 빠짐없이 검토해볼 수

있다. 다음 표는 각각의 사분면과 관련된 질문을 활용해 핵심가치를 예시적으로 도출해본 것이다.

문화 유형	위계형	시장형
문화 중점	안정성, 규칙, 절차, 일관성, 내부 효율성, 명확한 R&R	성과, 경쟁, 결과 중시, 목표지향, 시장에 민감
핵심 질문	조직의 안정적인 운영을 위해 필요한 가치는 무엇인가?	고객의 관점에서 반드시 지켜야 할 약속은 무엇인가?
핵심가치	안전, 주인의식, 정직, 책임 등	고객, 성장, 품질, 최고 등

문화 유형	공동체형	혁신형
문화 중점	참여적 관리, 팀워크, 자율성, 자유로운 의견 개진	혁신, 창의성, 위험 감수, 새로운 기회 탐색, 실험적 접근
핵심 질문	조직 내부의 역동성을 위해 무엇을 촉진해야 하는가?	외부의 변화에 유연하게 대응하는 데 필요한 것은 무엇인가?
핵심가치	존중, 협업, 개방성, 신뢰 등	민첩성, 호기심, 창의성, 학습, 혁신 등

여기에 사회와 관련된 가치 기준, 즉 사회적 책임에 대해서도 필요하다면 추가적으로 검토해볼 수 있다. 그리고 만약 각 영역에서 대등한 개수의 핵심가치를 도출한다면 꽤 균형적인 핵심가치를 만들어볼 수 있을 것이다. 하지만 균형이 항상 바람직하기만 한 것은 아니다. 더 중요한 것은 업의

특성, 회사의 역사적 경험, 내외부의 요구사항, 미래 방향성의 관점에서 특정 영역의 행동이 빠지거나 훨씬 더 강조될 수 있는 것이다.

예를 들어, 금융업에서 신뢰나 정직은 빼놓을 수 없는 가치가 될 수 있다. 화학기업의 경우, 사회·환경적 영향을 고려해서라도 안전, 환경과 같은 가치들이 중요하게 생각될 수 있다. 하지만 그렇지 않은 기업들에게는 이런 가치가 반드시 포함되지는 않을 것이다. 한편, 기술혁신 속도가 기하급수적인 인터넷 기업들의 경우, 새로운 기회를 탐색하기 위해 유연한 조직 운영과 실험적 접근, 실패와 위험 감수, 혁신과 관련된 가치들의 비중이 훨씬 높다.

이러한 작업은 어디까지나 핵심가치를 다양한 관점에서 고려해보는 데 의의가 있다. 달성하려는 미션과 비즈니스 전략, 그리고 조직이 가진 고유한 특성에 대해 다양한 추가 질문과 고민이 반드시 뒤따라야 한다. 이러한 과정을 통해 기업이 가장 중시하는 가치, 꼭 필요한 가치들을 발견하고 우선순위를 따져볼 수 있을 것이다.

팁 3: 간결하고 독창적인 방법으로 제시하라

정직, 청렴, 책임, 의무와 같은 가치는 반드시 필요한 가치일 수 있지만 당연해 보이고 진부해 보이기까지 한다. 구성원들이 기억하기 어려운 것들만 문제인 것이 아니라 관심을 끌지 못하는 것도 문제다. 반복적인 교육, HR제도를 통한 푸시(Push) 방식이 아니더라도 구성원들 스스로 일상에서 핵심가치들을 자연스럽게 떠올리고 말하게 할 방법은 무엇일까? "핵심가치가 익숙하게 매력적으로 다가갈 방법이 있을까?"라는 고민을 해봤겠지만 이에 대한 명확한 기준은 없어 보인다. 글로벌 기업들의 핵심가치도 너무 다양한 형태를 띠고 있다. 다만, 다수의 기업에서 보이는 평균적인 현상을 바탕으로 몇 가지 기준점에 대해 참고해볼 수 있는 사항을 정리해 보았다.

먼저 핵심가치는 몇 개가 적당할까? 너무 적으면 충분하지 않아 보이고 너무 많으면 다 기억하지 못할 것이 우려된다. 보통사람들의 기억력을 고려하면 핵심가치는 3~5개가 적당해 보인다.[26] 다만, 스타트업으로 시작한 몇몇 테크 기업은 10개가 넘는 핵심가치를 가진 경우도 있다. 초창기 소규모 조직에서 빈번히 만나는 관계에서는 소통하는 데 무리가 없지만 대규모 조직에서 확실한 의사소통을 하는 데는 어려움이 뒤따를 것이다. 따라서 회사의 비즈니스에 중요한 가치에 집중하는 것이 바람직하다.

예를 들어, H&M은 회사 경쟁전략의 핵심인 '비용 의식'(Cost-Consciousness)이 매우 중요할 것이다. 단위 조직의 일하는 방식(Code of Conduct)은 필요한 원칙을 빠짐없이 나열하는 것도 좋지만 회사 차원의 핵심가치는 이와는 구별된다. 그리고 이처럼 가치를 선별했다면 가장 중요한 가치는 쉽게 기억나도록 목록의 첫 번째와 마지막 항목에 배치하면 도움이 된다.

또한, 자주 고민하게 되는 것으로 핵심가치는 행동 준거라는 관점에서 정확한 의미의 단어를 쓰는 것이 좋을까, 아니면 위트가 있거나 감각적인 표

---

[26] 숀 폽, 아릴드 와래스, 「직원들의 기억에 남는 핵심가치를 만드는 법」, Harvard Business Review, 2023, https://www.hbrkorea.com/article/view/atype/di/category_id/2_1/article_no/1026/page/1

현을 찾아보는 것이 좋을까? 예를 들어, '우수성'(Excellence)이라는 가치가 있을 때 우수성이 중요하다고 믿는 것은 무엇을 의미할까? 반드시 그런 것은 아니지만 어떻게 일해야 하는지에 대해 아무 지침도 제시하지 못하면 공허한 단어로 끝날 수도 있다.

일상의 관용구를 활용해 'We go the extra mile'(기본적인 노력에 추가적인 노력을 기울여 최고 목표를 달성)과 같이 표현해보면 어떨까? 단지 어떤 상태를 표방하는 것보다 구체적인 행동가치를 제시하는 것이 훨씬 도움이 될 수 있다. 대부분 기업들이 임팩트 있는 1개 단어로 된 가치들을 나열하지만 2~3개 문구로 된 행동을 표현하거나 명언(Quotes)과 같이 문장으로 표현하는 경우도 많다. 어느 하나가 더 바람직한 것은 아니지만 문장을 활용하는 것도 간결하고 독창적인 표현을 적절히 활용한다면 쉽게 기억하게 하는 데 좋은 대안이 될 수 있다.

예를 들어, 구글의 핵심가치 중에 '느린 것이 빠른 것보다 낫다', '위대하다는 것에 만족할 수 없다' 등이 참고가 될 수 있을 것이다. 또한, 역사적 사건이나 일화 속에서 등장한 표현, 회사에서 특별히 자주 쓰이는 구어들을 활용하는 것도 좋은 방법이다. 억지로 멋진 표현을 만들어 회자되기를 바라기보다 핵심가치에 스토리가 입혀지고 활기가 불어넣어져 스스로 회자되게 할 수 있다.

핵심가치가 반드시 특별해야만 하는 것은 아니다. 본질적으로 중요한 것은 기대되는 행동이 구체적으로 이해되고 마음을 움직여 실제로 행동을 유발할 수 있느냐다. 감명을 주는 핵심가치는 회사뿐만 아니라 개인의 삶에도 신조처럼 적용해 실천에 옮기게 되는 경우도 있다. 필자는 그러한 사례를 실제로 접한 적이 있다.

참고할 만한 기업들의 핵심가치의 예들을 〈그림 1-13〉에 정리해 보았다. 다양한 기업들의 핵심가치를 살펴보면 그 기업의 업과 비즈니스의 특성, 역사와 미래, 추구하는 기업문화를 느낄 수 있다. 다만, 생각보다 간결한 표현을 가진 경우가 많다. 형식은 본질을 담는 그릇에 불과하다. 하지만 아무리 좋은 것도 가치가 없는 그릇에 담으면 손이 가지 않을 수 있다. 본질을 잘 전할 수 있는 형식을 동시에 고려해보자.

기업	공동체형
메리엇	사람을 먼저 생각한다. 탁월함을 추구한다. 변화를 추구한다. 정직하게 행동한다. 세상에 헌신한다.
익스피디아	우리는 여행에 열정을 쏟고 혁신적이고 기업가정신을 발휘한다.
테슬라	빨리 움직인다. 불가능에 도전한다. 끊임없이 혁신한다. 근원적 문제에서 추론한다. 주인의식을 가진다. 모두 함께 협업한다.
유니레버	항상 정직하게 일한다. 긍정적인 영향을 미친다. 지속적으로 헌신한다. 높은 열망을 추구한다. 이해관계자와 협업한다.

넷플릭스	판단력, 소통, 영향, 호기심, 혁신, 용기, 열정, 정직, 이타심
IBM	모든 고객에 대한 헌신, 회사와 세상에 필요한 혁신, 모든 관계에서의 신뢰와 책임
페이스북	대담하게 행동한다. 영향에 집중한다. 빨리 움직인다. 개방적인 태도를 가진다. 사회적 가치를 창출한다.
알리바바	고객 우선, 팀워크, 변화 추구, 정직, 열정, 헌신
GE(과거)	고객이 우리의 성공을 결정한다. 효율적인 상태로 빨리 움직인다. 배우고 적응해 경쟁에서 이긴다. 서로 도움과 영감을 준다. 불확실성 하에서 확실한 결과를 창출한다.
Dow 케미칼	정직, 존중, 지구 보호
BASF	창의성, 개방성, 책임감, 기업가정신

<그림 1-13> 글로벌 기업들의 핵심가치 예

놓쳐선 안 될 것이 하나 더 있다. 핵심가치는 일관되고 효과적인 실천이 중요하지만 핵심가치가 작동되는 생생한 현실에서는 첨예한 딜레마가 가득하다. '가치'가 가진 본질적인 특성상 동일한 사건과 현상에도 항상 두 가지 이상의 가치들이 충돌하고 갈등을 초래한다.

예를 들어, 효율성과 품질을 핵심가치로 삼는다고 가정해보자. 품질에 맹목적으로 집착하다 보면 효율성과 가치 갈등을 겪거나 그 반대의 경우도 발생할 수 있다. 심각한 경우, 다른 한 가지 가치를 희생시켜 기업을 위험에 빠뜨리거나 조직문화적으로 핵심가치에 대한 무기력함을 학습하게 된다. 아무것도 작동하지 않는 것처럼 말이다. 아무리 좋은 가치들로 핵심가치를 정립했더라도 예상되는 딜레마 상황을 다양한 각도에서 정의해보고 가치 간의 우선순위, 동적·평균적 균형에 대한 회사의 철학을 구체적인 가이드나 스토리텔링 형태로 개발하고 지속적으로 제시해야 한다. 핵심가치는 실제 문제들 속에서만 진정한 의미가 있다.

(4) 새로운 성장 동력을 만들기 위한 변화

앞의 많은 부분에서 언급했듯이 일반적으로 기업의 미션과 핵심가치에는 창업자의 가치와 신념이 반영되어 있다. 스타트업 같은 신생 조직의 경우가 더 그렇다. 하지만 필자가 살펴본 대부분의 경우, 후대 경영자의 변경, 환경 변화에 따른 위기 대응, 침체된 성과를 회복시키거나 새로운 비즈니스 모델을 찾기 위한 노력, 또는 다른 조직과의 합병 과정을 통해 새로운 가치체계를 정립하거나 변화를 모색하게 된다. 그 과정에서 더 큰 비즈니스 확장을 이루기도 하지만 기존 동력마저 잃는 경우도 있다.

그 어느 때보다 환경 변화 속도가 빠르고 경쟁 규칙이 급격히 바뀌는 지금 기업들에게는 현재의 가치체계가 미래의 경쟁력을 갖추는 데 충분한

동력을 제공하는지 반드시 고민해볼 필요가 있다. 보통의 경우, 성공한 다른 기업들을 벤치마킹하고 새로운 경쟁환경에 적합한 낯선 기업문화를 사내에 이식하기 위해 노력하지만 성공 확률은 높지 않다. 빠르게 변하는 환경에 대응하려면 새로운 전략 실행을 지지하는 기업문화를 재정비해야 한다. 이때 가치체계는 어떤 방식으로 기여할 수 있을까?

변화의 폭이 큰 시대적 변곡점에서는 전 시대에 강력한 동력이 되었던 핵심 경쟁력이 오히려 핵심 경직성으로 변할 수 있다는 것[27]을 기억해야 한다. 하지만 동시에 고려해야 할 중요한 사실은 "변화를 효과적으로 다루려면 변하지 않는 원칙을 제대로 알고 있어야 한다."[28]라는 것이다. 2018년 "아마존에 집어 삼켜졌다."(Amazoned)라는 공포감이 전 세계 소매업계에 퍼졌다. 토이저러스(Toysrus)뿐만 아니라 100년 전통의 유통 거인 시어스(SEARS)마저 파산했다. 『뉴욕타임즈』가 전성기의 시어스에 대해 "시어스는 20세기 초의 아마존이었다. 당시 2개의 위대한 네트워크인 철도와 우편망 활용을 극대화하는 것이 시어스의 경쟁력이었다."[29]라고 했을 만큼 물류혁신의 상징이던 기업이 어떻게 몰락한 걸까?

---

27 Dorothy Leonard Barton, 「Core Capabilities and Core Rigidities: A Paradox in Managing New Product Development」, Strategic Management Journal, Vol. 13, Special Issue, 1992
28 조안 마그레타, 권영설 옮김, 『경영이란 무엇인가』, 김영사, 2004
29 The editorial board, 「How Sears Was the Amazon of Its Day」, The New York Times, 2018, https://www.nytimes.com/2018/10/15/opinion/sears-bankruptcy-amazon-retail-disruption.html

시어스는 1800년대 '우편 카탈로그 판매' 형태로 현대의 문전(Door to Door) 택배 모델을 처음 시작했다. 온라인 쇼핑몰 역할을 카탈로그가 대신했으며 바뀌지 않은 것은 '라스트 마일'(Last Mile) 물류인 것이다. 또한, 1920년대에는 통신판매로 확보한 인구 센서스와 주소지 정보를 바탕으로 중산층의 이동과 대도시화를 선제적으로 예측하고 도시에 '종합 소매점' 모델을 최초로 제시했다. 자동차 시대(Motorization)가 도래하자 대형 주차장을 갖춘 교외 대규모 점포를 중심으로 다시 한 번 과감한 사업 전환을 했다.

1973년 시카고에 세워진 108층 높이의 시어스 타워는 미국 소매업을 장악했던 당시의 영광을 상징한다. 하지만 전문가들은 오히려 전성기였던 1970년대부터 시어스의 몰락이 시작되었다고 말한다.[30] 경쟁사인 아마존 때문만은 아니라는 것이다. 당시 새로 등장한 월마트(Walmart)가 컴퓨터, GPS 등 정보통신 기술의 발달을 활용해 물류 원가를 절감하고 '매일 저렴한 가격'(Everyday Low Price)이라는 혁신을 실행하는 동안 시장지배자로서 자만에 빠진 시어스는 '만물점'(Everything Store)에 더 몰두하고 있었다. 하지만 더 큰 패착은 1990년대 초 카탈로그 사업을 접으면서 100여 개 매장과 함께 미국 전역에 구축한 물류센터 네트워크를 폐쇄한 것이다. 고객의 집 앞까지 도달하는 방대한 물류 시스템은 아마존도 반드시 확보해야만 했던 핵심 경쟁력이었다. 시대 변화와 업의 본질에 대한 한순간의 오판이 기업의 운명을 결정했다. 변하는 것과 변하지 않는 것을 현명하게 판단하는 것은 변화가 일상화된 현 시대에 가장 중요한 덕목이다.

---

30 Chris Isidore, 「Amazon didn't kill Sears」, CNN, 2018, https://edition.cnn.com/2018/10/16/business/sears-amazon-cause-of-problems/index.html／

짐 언더우드$^{Jim\ Underwood}$는 100년 기업을 정의할 때 100년 수명주기 제품을 가진 기업이 아니라 수요 주기가 짧지만 끊임없이 재창조하는 기업이 진정한 의미의 100년 기업이라고 말한다. 그리고 진정한 100년 기업으로부터 도출한 결론은 "차별적 전략자원은 공격력을, 탁월한 조직문화는 적응력을, 견고한 가치는 지속력을 결정한다."[31]라는 것이다. 재창조는 지속가능성의 핵심이며 그 바탕에 견고한 가치체계를 바탕으로 한 적응적인 조직문화가 뒷받침되어야 한다. 그 과정에서 변하지 않는 것과 변하는 것에 대해 끊임없이 질문해야 한다.

변곡점을 넘어서기 위한 재창조 과정은 기업이 처한 상황에 따라 두 가지로 나눌 수 있다. 위기를 극복하기 위해 근본으로 돌아가거나 변화에 대응하기 위해 핵심 경쟁력을 바탕으로 피봇팅(Pivoting)하는 것이다.

Back to Basic

과거 연구에서 400여 개 글로벌 기업들의 성장 과정을 50년 동안 분석한 결과, 흥미로운 사실이 발견되었다. 소위 잘나가는 기업들은 대부분 성장 정체(Growth Stall)의 늪에 빠진다는 것이다. 전체 기업 중 87%가 이 과정을 겪었으며 그중 다시 일어난 기업은 46%에 불과하다. 한 번 정체에 빠지면 계속 고전하거나 사라질 확률이 절반이 넘는 것이다.

조사 기업들이 「포춘」 100대 기업 수준이었다는 점에서 놀라운 결과다.

---

[31] 짐 언더우드, 김명철 옮김, 『100년 기업을 디자인하라』, 한국경제신문, 2006

연구자들이 밝혀낸 기업 침체의 원인은 더 중요한 시사점을 준다. 통제하지 못하는 외부 환경 요소의 비중은 13%에 불과하며 87%는 기업 스스로 통제할 수 있었던 내부 원인이었다.[32] 외부의 위기보다 내부의 위기가 더 위험하다.

그런 점에서 1990년대 IBM의 사례는 기업문화 담당자에게 비저닝(Visioning)과 전략부터 기업문화의 변화관리까지 모든 것을 빠짐없이 알려준다. 짐 콜린스는 몰락의 4단계에서 위대한 기업으로 도약한 회사로 IBM을 꼽았다.[33] 1990년대 초 IBM은 PC시대의 주도권을 놓치면서 사상 첫 적자를 냈고 3년 동안 160억 달러의 손실을 기록할 정도로 심각한 위기를 맞았다. 이때 IBM을 구한 것은 최초의 외부 출신으로 CEO에 선임된 루 거스너Louis Gerstner였다. 그가 찾아낸 IBM 위기의 원인은 결국 코어(Core)의 위기였다. 창업 초기부터 지켜온 IBM의 신념인 '고객의 성공을 위한 헌신'은 도처에서 망가져 있었다. 〈그림 1-14〉는 당시 IBM의 상황을 핵심가치와 연결해 살펴본 것이다.

3가지 기본 신념 (왓슨 주니어)	핵심가치 실천의 변질
최상의 고객 서비스	• 새로운 시스템을 전달하고 관리하는 데만 집중 • 사업·조직 간 단절로 한 고객이 IBM에서 다수의 입찰 제의
탁월성 추구	• 완벽에 대한 강박관념으로 신제품 출시에 4~5년씩 소요 • 고객과 단절된 채 연구소(상아탑)에서만 수천 개의 소프트웨어 난개발

32   Matthew S. Olson, Derek van Bever, and Seth Verry, 「When Growth Stalls(성장이 정체될 때)」, Harvard Business Review, 2008
33   짐 콜린스, 김명철 옮김, 『위대한 기업은 다 어디로 갔을까』, 김영사, 2010

개인 존중	• IBMer라는 사실에 안주(평생고용, 온정주의적 보수 등) • 진행 중인 프로젝트를 숨기는 등 개인주의와 내부 경쟁

<그림 1-14> 1990년대 IBM 기업문화의 변질

이런 상황에서 그가 찾아낸 해결책은 IBM 기업문화의 뿌리이자 근간인 '고객 중심'의 회복이었다. 전략적으로는 네트워크 컴퓨팅 시대가 도래할 것을 정확히 예측하고 고객의 문제를 통합적으로 해결해줄 수 있는 IT 통합 솔루션 서비스를 중심으로 사업을 과감히 전환했다. 무엇보다 중요한 것은 고객 중심으로 조직과 문화를 재정비하는 것이었다. 고객에게 통합된 서비스를 제공하는 것은 곧 하나의 IBM이 되어야 한다는 것이었고 이를 위해 과거의 핵심가치(3 Basic Beliefs)를 기반으로 여덟 가지 원칙을 새로 제시했다.

> "모든 일은 고객에서부터 출발한다. IBM을 내부 절차를 중시하는 기업에서 시장 중심 기업으로 전환시킨다. 왓슨 시대의 뿌리로 돌아가는 것이다."[34]
> ― 『코끼리를 춤추게 하라』 중에서

구분	Back to Basic
고객	• 간부 200명이 각지 3개월 동안 고객 5명을 방문해 고객 문제해결에 도움이 될 사람에게 보고서 제공(Operation Bear Hug) • 지역상권별 조직구조를 12개 고객 그룹에 맞춰 재정비
기술	• 고객에게 필요한 서비스를 위해 외부와 협력하거나 리소스 활용 • 특허와 기술을 개방하며 개방형 표준을 리드

---

[34] 루 거스너, 이무열 옮김, 『코끼리를 춤추게 하라』, 북앳북스, 2012

사람	• 시장 중심 성과와 팀워크에 집중하도록 회사의 전체 이익과 연계된 인센티브 강화

<그림 1-15> 'Back to Basic'과 관련된 실행 조치 예

지금도 여전히 많은 기업이 위기 극복을 위해 'Back to Basic'을 시도한다. 2009년 도요타(Toyota) 리콜 사태 당시 도요타 아키오豊田章男 사장은 미국 하원 청문회에 불려나가 허리 굽혀 사죄하며 사태를 수습해 나갔다. 그리고 그 핵심은 '도요타 웨이'(The Toyota Way)라는 '도요타다움'의 회복이었다. 도요타 웨이는 Philosophy(장기적 사고), Process(낭비 제거), People(인간 존중), Problem Solving(지속적 개선)이라는 4P로 구성된 조직문화의 총체다.[35] 도요타는 초심으로 돌아가 세계 자동차 판매 1위 기업에 다시 등극했다. 도요타 아키오 회장은 세계 1위가 될 수 있었던 원동력을 묻는 질문을 받을 때마다 변함없이 '설립 당시의 마음가짐'을 강조한다.

'Back to Basic'은 잘못된 방향으로 흘러가는 거대한 관성을 다시 제자리로 돌려놓는 변화 관리이기 때문에 루이 거스너가 언급한 것처럼 문화가 전략의 한 요소가 아니라 문화 자체가 전략이 되어야 한다는 관점을 깊이 받아들여야 한다. 문화가 전략이 되려면 구성원의 공감과 참여가 반드시 뒤따라야 한다. 'Back to Basic'이 단지 톱다운(Top-down) 방식의 '과거로 회귀'(Back to Past)가 되면 어떤 동력도 얻기 어렵다. 그동안 성공을 이끈 목적의 본질과 고유한 행동원칙, 즉 강점을 재발견하되 구성원 모두 공감할 수

---

[35] 제프리 라이커, 김기찬 옮김, 『도요타 방식(The Toyota Way)』, 가산출판사, 2004

있는 것이어야 한다. 그리고 과거에 갇힌 것이 아니라 미래에도 지속가능한 의미를 공유해야 한다. 탁월한 실행은 가치와 헌신에 관한 문제다. 분명한 전략과 가치를 전달하고 구성원들을 믿고 한군데 모으는 능력에 달려 있다. 루이 거스너는 "경영이 문화를 바꾸지는 못한다. 경영은 일하는 사람들 스스로 문화를 바꾸도록 초대할 뿐이다."라고 말한다. 'Back to Basic'은 과거를 넘어서는 미래에 대한 기대감과 참여로 완성된다.

피봇팅

급변하는 환경에 제대로 대응하려면 조직과 기업문화 전체를 새로 디자인해야 할 때가 있다. 그럴 때마다 "기존 미션과 핵심가치는 미래를 준비하는 데 과연 충분할까?"라는 고민이 들 것이다. 일본의 나와 다카시(名和高司)는 글로벌 지속성장기업 100곳을 추적연구한 결과, 견고함, 끈질김, 흔들리지 않는 속성과 함께 민첩함, 변화적응, 자유자재의 속성을 동시에 가지고 있다고 말한다.[36] 정리하면 안정성과 역동성의 조화가 지속성장을 결정한다. 이 두 가지의 모순적 속성은 〈그림 1-16〉처럼 기업의 전략과 기업문화를 이루는 세 가지 측면 모두에 적용된다.

구분	안정성	역동성
궁극적 지향점	견고한 목적	민첩한 전환

---

[36] 나와 다카시, 오세웅 옮김, 『글로벌 성장 기업의 법칙』, 스타리치북스, 2017

핵심 경쟁력	본원적·차별적 경쟁력	유연한 확장
기업문화	강한 문화	적응적 문화

<그림 1-16> 글로벌 지속성장 기업의 특징

다만, 본질에 충실하되 유연하게 미래를 반영하는 것은 결코 쉬운 일이 아니다. 목적의 피봇팅을 위해서는 마케팅 전문가(Guru) 테오도르 레빗Theodore H. Levitt의 견해가 도움이 될 것이다. 바로 눈앞에 보이는 현상에만 치우쳐 소비자와 경쟁자, 제품을 정의해서는 안 된다고 한다. 그 대신 고객의 관점에서 미래의 시장을 폭넓게 정의해야 한다.[37] 어도비(Adobe)는 포토샵, PDF와 같이 게임과 애니메이션을 창작하는 소프트웨어 제품을 판매하는 기업으로 PC 시대가 저물고 모바일 시대가 도래하면서 퇴출 1순위 기업이라는 오명도 얻었지만 샨타누 나라옌Shantanu Narayen CEO와 함께 미션과 비즈니스를 재정의하면서 장기 성장의 발판을 마련한다.

어도비의 한 임원은 "오직 '창의성의 민주화'라는 사명에만 집중했기 때문에 지역별, 사업별 경쟁자가 아닌 항상 새로운 트렌드, 고객, 활용 사례(Use Case) 등 '범주의 관점'에서 우리의 역할을 고민했다."라고 한다. 제품이나 도구가 아닌 '창의성'으로 미션의 범주를 재정의하면서 콘텐츠 창작 플랫폼은 물론 여기서 축적한 역량을 활용해 디지털 마케팅 창작 플랫폼 사업에까지 확

---

[37] 테오도르 레빗, 「Marketing Myopia(마케팅 근시안)」, Harvard Business Review, 1960

장할 수 있었다.

범주의 관점은 확실히 목적을 재정의하는 데 도움이 된다. 과거 전통적인 택시 사업을 '연결' 사업으로 정의하거나 신문·잡지 사업을 '정보' 사업으로 정의해보는 것이다. 다만, 여기서 잊지 말아야 할 것은 피봇팅은 목적의 본질을 놓치지 않은 채 의미를 확장하는 재정의 과정이라는 점이다. 늘 분명한 기준점이 있어야 한다.

핵심역량 확장도 본연의 강점에서부터 시작된다. 2023년 CES에서 낯선 장면이 있었다. 농기계 업계 최초로 존 디어[John Deere]가 기조 연설에 나선 것이다. 쟁기를 만드는 공장으로 시작해 트랙터를 생산하는 제조기업이 최첨단 테크기업들이 모이는 자리에 주인공이 된 것은 놀라운 일이다. 존 디어는 180년이 넘는 역사 동안 유일한 목적인 '농부의 성공'에만 헌신해왔다. 이를 위해 시대에 따라 농업의 핵심 성공요인(Key Success Factor)의 변화를 예측하고 외부의 혁신기술을 가장 먼저 농업에 융합해왔다.[38] 농기계 등 제품을 통해 대량경작 농업을 이끌고 IT기술을 활용한 원격제어 농장 장비 시스템으로 진화해 정밀농업시대를 열었다. "농부에게 가장 도움이 되는 것은 무엇인가?"라는 질문은 혁신의 원천이었다. 그리고 디지털 전환시대에 농부의 성공을 더 잘 도와주는 방법은 '데이터를 통한 예측과 의사결정'을 돕는 것이라는 결론에 이른다. 전직 CEO 새뮤얼 앨런[Samuel Allen]은 한 인터뷰에서 "새로운 비즈니스 모델을 고민하던 중에 우리는 단지 장비 판매업이 아니라

---

[38] 「Responding to digital threats」, Mckinsey Quaterly, 2018, https://www.mckinsey.com/capabilities/mckinsey-digital/our-insights/responding-to-digital-threats

농장경영을 돕는 비즈니스를 해왔다는 것을 깨달았다."라고 말한다. 미션은 한 번도 변하지 않지만 고객의 관점에서 업의 개념을 재발견하고 농장의 기계에서 솔루션으로 거듭나는 것이다.

이런 새로운 전환을 위해 존 디어는 자신만의 고유한 강점을 혁신의 레버리지로 활용하는 데 탁월했다.[39] 업계 최고 품질의 장비를 바탕으로 DT 기술 역량을 융합해 통합적인 솔루션을 제공하는 플랫폼으로서의 역량을 발전시킨다. 전 세계 20만 대 트랙터에 달린 600만 개 센서를 IoT 엣지(Edge)로 활용해 토질, 온도, 습기, 기상 등의 빅데이터를 수집·분석해 농부에게 필요한 영농 솔루션을 제공하는 것이다.

존 디어는 새로운 방향에 도전할 때도 기초를 바꾸는 것이 아니라 항상 그 위에 덧쌓아 왔다.[40] 핵심역량 확장은 누구보다 앞섰지만 그 토대인 미션과 핵심가치(품질, 혁신, 정직, 헌신)는 180년 동안 단 한 번도 변하지 않았다. 단지 시대와 고객에 맞춰 재해석하며 성장하는 것이다.

어느 기업이든 성공을 이끌어온 핵심역량이 있다. 그것은 제품·서비스·기술뿐만 아니라 바스프(BASF)의 페어분트(Verbund) 철학처럼 시스템이나 프로세스가 될 수도 있고 고객 네트워크의 형태일 수도 있다. 지속적인

---

[39] Rajiv Lal, Michael E. Porter and Alexandra Houghtalin, Precision Agriculture at Deere & Company, Harvard Business School Case, 2017 https://www.hbs.edu/faculty/Pages/item.aspx?num=52350

[40] 데이비드 마지, 조동권 옮김, 「평범한 사람들이 만든 특별한 회사, 존 디어」, W미디어, 2006

성장을 이끌어줄 핵심역량을 제대로 정의하는 것이 가장 먼저 이루어져야 한다. 과거에 무엇을 성취했고 그것이 어떻게 가능했는지를 알아야만 미래에 필요한 것을 결정할 수 있다.

마지막으로 적응적 기업문화는 기업의 목적, 핵심역량과 매우 밀접하게 연결되어야 한다. 다임러(Daimler)는 1800년대 세계 최초의 자동차를 발명한, 130년이 넘는 자동차 제조기업이다. 하지만 공유경제의 확대, 디지털 트랜스포메이션의 심화, 내연기관을 대체하는 새로운 에너지의 등장 등으로 비즈니스 모델의 근본적인 위기에 직면하게 된다. 생존을 위해서는 변화가 필요했다. 기존 자동차 생산자에 머무는 것이 아니라 이동 경험의 서비스 제공자로 대전환을 추진한다.

전통과 자부심이 강한 독일 제조기업이 전혀 다른 방향으로 변화를 추구하는 것은 매우 어려운 일이다. 특히 전통의 핵심인 "최고가 아니면 만들지 않는다."(The Best or Nothing)라는 경영철학은 기술·공학적으로 완전한 품질을 의미하는 것으로 자부심의 원천이었다. 하지만 이제는 완전한 자동차를 넘어 고객가치와 경험을 기준으로 한 혁신이 최고를 결정한다는 의미로 재해석한다.

전직 CEO 디터 제체[Deter Zetsche]는 전통의 상실에 대한 두려움을 고객 관점의 미래로 전환하는 한편, 외부의 DNA를 적극적으로 흡수했다. 다만, 아이디어는 외부에서 학습하고 강점인 엔지니어링은 여전히 다임러의 몫이다. 전통 조직과 외부를 연결하는 전담팀(Technology & Venture)을 설치하고 다양한 스타트업과 협업 기회(Startup Autobahn)를 확대해 나가면서 내부지향적이던 조직은 개방적으로 변했고 구성원 주도의 다양한 실험이 장려되었다.

또한, 'DigitalLife@Daimler'라는 이니셔티브를 통해 일하는 방법, 공급망(Supply Chain), 고객 서비스 등 회사의 모든 영역을 디지털화했다. 무엇보다 디터 제체는 기업문화의 중요성을 잘 알고 있었다. 자율적인 문화를 방해하는 관료제적 요소들을 제거해 나가며 기업문화를 리드하는 리더십(Cultural Leadership)의 변화를 위해 새로운 환경의 요구에 맞춰 다음과 같이 리더십 원칙을 재정의한다.

〈다임러의 8대 리더십 원칙(핵심가치)〉

- 목적 중심
- 민첩성
- 신뢰와 권한 위임
- 최고를 향한 열망
- 개척정신
- 학습과 성장
- 창의적인 협업
- 고객 지향

장기간에 걸친 변화를 위한 노력을 통해 디터 제체는 실리콘 밸리의 정신을 제조업의 중심으로 성공적으로 옮겨왔다는 평가를 받는다. 이전으로 돌아가려는 관성이 강한 기업문화를 바꾸는 것은 분명히 어려운 일이다. 이 일을 성공시키려면 기업문화뿐만 아니라 기업문화를 둘러싼 전략, 핵심역량 배치, 조직, 시스템, 일하는 방식·도구, 리더십 등 기업의 모든 요소를 종합적으로 살펴봐야 한다.

또 하나 강조하고 싶은 것은 변화의 중심에는 항상 고객이 놓여야 한다는 것이다. 고객의 관점이 빠진 변화는 자기만족적 변화가 될 가능성이 크다. 변화 자체를 맹목적으로 추구하는 것이 아니라 변화의 방향이 제대로 흘러가고 있는지 고객과 외부와의 관계에서 끊임없이 재평가되어야 한다는 것이다.

강력한 핵심가치(Credo)를 가진 존슨앤존슨(Johnson&Johnson)도 전 세계 구성원이 모여 핵심가치를 토론하는 '크레도 챌린지'(Credo Challenge)를 지속적으로 시행하며 사회의 메가 트렌드를 핵심가치에 반영하거나 갱신하는 노력을 기울이고 있다. 가치체계를 변함없이 유지해야 할 때조차 이러한 과정은 의미가 있다. 대부분의 변화는 고객으로부터 시작되기 때문이다.

새로운 성장 동력을 찾기 위한 변화로 대표적인 두 가지 유형을 살펴보았다. 다양한 기업들이 각자의 방식으로 변화를 추구하지만 어느 것이 더 옳은 방법이라고 단언할 수는 없다. 다만, 'Back to Basic'은 미래에 충실해야 하고 피봇팅은 과거의 본질에 충실해야 한다. 이 두 가지는 동전의 양면과 같은 것이다.

변화하는 현재를 성공적으로 이끌어가는 데는 결국 과거와 미래를 얼마나 어떻게 제대로 연결하느냐가 승부를 결정할 것이다. 그리고 이것은 기업 자신의 내부를 제대로 들여다본다는 것이며 외부 고객의 요구와 목소리를 제대로 수용하는 과정이다. 기업마다 상황이 다르기 때문에 고유의 방식을 찾는 것이 중요하다. 가치체계는 그것을 담는 그릇이다. 어쩌면 뻔한 결론이지만 제대로 하기는 어렵다.

조직문화와 소통

2

1. 조직문화의 단골 주제, '소통'

조직문화를 이야기할 때 소통은 빠지지 않는 주제다. 리더십을 이야기할 때도, 평가를 이야기할 때도, 핵심가치를 이야기할 때도 소통은 항상 등장한다. 실제로 '조직문화=소통'으로 생각하는 사람도 많고 조직문화를 처음 담당하는 실무자조차 이렇게 생각하는 경우가 많다. 그래서 조직문화를 개선하라는 업무 지시를 받으면 여기저기 소통 관련 우수 사례를 찾아보고 벤치마킹해 이벤트 성격의 제도나 프로그램들을 운영하면서 시작한다.

필자는 인사담당자 및 조직문화 업무를 담당하는 실무자들을 인터뷰한 적이 있다. 인터뷰 내용을 종합하면 현재 재직 중인 조직의 조직문화 방향을 어떻게 설정하고 회사의 미션과 핵심가치 등을 어떻게 정렬(Align)할 것인지에 대한 고민을 언급하는 경우는 많지 않았다.

대부분 내용은 조직 내 소통 결여와 이 문제를 푸는 방법과 그에 적합한 프로그램에 대한 것이었다. 그만큼 소통이 조직문화를 만들어가는 가장 중요한 수단인 동시에 목표이기 때문에 많은 사람이 이러한 인식과 고민을 하는 것이다. 그렇다면 조직 내 소통에 대해 이렇게 많은 고민을 하고 집중하고 있음에도 불구하고 변함없이 소통 관련 문제에서 헤어나오지 못하고 속시원한 답을 찾지 못하는 이유는 무엇일까?

결론부터 말하면 첫째, 소통이 구성원들이 체감할 수 있는 크고 작은 가시적 변화를 보여주지 못하기 때문이다. 둘째, 협업의 활성화, 효율적인 업무 절차, 향상된 업무몰입 문화와 같이 조직 내에서 수행하는 업무와 관련된 긍정적 효과와 결과물들이 없기 때문이다. 소통은 그 과정만으로도 의미가 있지만 궁극적으로 조직 내 구성원이 바라는 방향으로의 변화와 협업, 시너지 등 긍정적인 업무효과를 이끌어내야 우리가 소통에서 느끼는 결핍감을 해소할 수 있다.

★ **기억하기**(소통이 고민이라면 두 가지만!)
① **가시적 변화 만들기**
② **업무에 긍정적 영향 미치기**

2. 조직문화에서 왜 소통이 필요할까?

(1) VUCA시대 기업과 개인의 생존 조건

과거와 달리 다양한 소통 방법과 채널이 있고 지역적 제한이 있다고 하더라도 발전된 기술로 무리 없이 소통이 가능한 시대에 살고 있음에도 여전히 소통을 왜 이 시대의 가장 중요한 요소 중 하나로 손꼽는 걸까?

변화의 속도가 빠르고 미래를 예측하기 쉽지 않은 요즘 현대사회를 VUCA시대라고 부른다. 많은 기업이 이 VUCA시대에서 살아남기 위해 기존과 다른 모습으로 거듭나기 위해 노력 중이며 그 노력의 일환으로 조직문화에 집중하고 있다. VUCA시대에 요구되는 조직문화는 더 민첩하고 유연하고 구성원이 심리적 안전감을 느끼고 상호존중하고 평가와 보상이 공정하고 의사소통은 수평적이며 구성원의 성장을 지원해주는 조직문화다.

기업에서 이러한 조직문화를 구축하려면 무엇보다 조직 내에서 제대로 작동할 수 있는 효과적인 소통전략을 수립해야 한다. 소통 없이는 변화에 선제적으로 유연하게 대응하는 체계를 만들 수 없고 구성원에게 안전감과 만족감도 줄 수 없기 때문에 과거보다 지금 소통이라는 주제에 더 집중하는 것이다.[41]

---

[41] 이치민, 「VUCA시대, 조직문화로 승부수를 띄워라!」, HR인사이트, 2024년 1월호.

기업뿐만 아니라 개인에게도 소통(소통 능력)은 생존의 조건으로 주목받고 있다. AI가 업무 영역에 빠르게 확산되어 수년 안에 AI의 영향을 받는 노동력이 기존보다 2배 늘어날 것으로 예상되는 소위 'AI시대'가 본격적으로 도래하고 있다. 그런데 놀라운 사실은 그동안 우리에게 요구되던 하드 스킬뿐만 아니라 소프트 스킬의 중요성도 대두되고 있다는 것이다.

AI와의 분업, 인간과의 협업이 더 효율적이 되려면 더 인간다워져야 경쟁력이 있고 이것은 AI가 지금보다 더 발전하더라도 대체할 수 없는 능력이기 때문이다. 특히 필수적으로 요구되는 소프트 스킬 중 하나가 타인을 이해하고 효과적으로 의사소통하는 능력임을 미루어 볼 때 소통은 AI시대에도 그 중요성이 결코 줄지 않고 있다.

AI 활용에 필수적인 소프트 스킬[42]

구분	정의
창의적·비판적 사고	• 이전에 없던 완전히 새로운 구조의 답변을 제시하거나 올바른 질문을 던지고 새로운 데이터를 생성할 수 있는 창의력과 올바른 접근법을 선택할 수 있는 비판적 사고력
감성 지능	• 자신의 감정을 이해하고 관리하는 능력과 자신의 감정이 타인에게 미치는 감정적 영향을 이해하는 능력
공감적 커뮤니케이션	타인의 입장에서 욕구·동기 등에 대한 이해를 바탕으로 효과적으로 의사소통하는 능력

---

[42] 추가영, 「AI시대에 '소프트 스킬'에 대한 수요가 늘어나는 이유[긱스]」, 한국경제, 2024.02.06(https://www.hankyung.com/article/202402168687i)

회복탄력성	• 어렵거나 도전적인 삶에 대한 정신적, 감정적, 행동적 유연성과 적응력
성장 마인드셋	• 도전과 실패를 거듭하며 성장할 수 있다는 믿음

(2) 성과 달성의 열쇠이자 지름길, '소통'

한동안 사람들의 큰 주목을 받았던 넷플릭스 리얼리티 시리즈가 있었다. 바로 〈흑백요리사: 요리 계급 전쟁〉이라는 프로그램이다. 이 프로그램을 보면 조직이나 집단에서 리더십과 소통의 차이가 어떤 결과를 가져오는지 여실히 보여주는 장면들이 있다. 사람들이 이 프로그램에 흥미를 느끼고 수많은 자리에서 언급하는 이유는 다음 두 가지일 거라고 추측한다.

첫째, 뛰어난 리더십으로 집단을 이끌어 나가되 구성원들을 존중하고 그들의 목소리에 귀 기울이는 리더. 둘째, 이에 더해 상호신뢰와 존중이 바탕이 되어 소통이 원활한 팀분위기, 그리고 이 두 가지를 통해 만들어낸 멋진 요리. 하지만 그렇지 못한 팀은 요리 컨셉을 잡는 시작에서부터 조리 과정 내내 우왕좌왕하고 만들어낸 요리도 완성도가 떨어져 두 팀간 너무나 극명한 결과를 보여주었다. 리더와 구성원, 구성원과 구성원 간 소통이 얼마나 중요한지 그 어떤 이론서나 논문보다 명확히 보여주는 예라고 생각한다.

〈흑백요리사: 요리 계급 전쟁〉 사례에서도 볼 수 있듯이 성과 달성에 소통은 열쇠이자 지름길 역할을 한다. 소통이 원활하면 구성원 간 목표가 명확히 전달되고 공유되어 성과 달성을 위한 일관된 방향으로 나아갈 수 있다. 또한, 구성원 각자 자신의 역할과 책임을 정확히 이해하게 되고 상호간 정보와 아이디어가 원활히 공유되어 중간에 문제가 발생하더라도 문제에 대한 대응과 해결이 쉽다. 소통이 잘 이루어지는 조직은 구성원 간 신뢰가 자연스럽게 형성되고 궁극적으로 구성원의 만족도와 업무효율 향상으로 이어지는 결과를 가져온다.

(3) 조직문화 혁신의 필수 요소

"소통 없이 회사 경영이 가능할까?", "소통 없는 조직문화 혁신이 가능할까?" 이런 우문에 대한 답은 너무 명확해 이런 고민을 하거나 질문을 하는 사람은 없을 것이다. 모두 알고 있듯이 소통은 기업 경영이 잘 굴러가게 하는 혈액, 산소, 윤활유이자 조직문화를 구성하는 핵심 요소다.

조직 내부에서 소통이 원활하지 않다면 CEO의 강력한 추진 의지가 있고 그것을 실행할 유능한 실무자가 있더라도 조직문화 혁신은 가능하지 않다. 소통은 조직 구성원들이 서로의 생각과 의견을 공유하고 목표와 가치를 명확히 인식하게 함으로써 조직의 일체감을 형성하는 데 중요한 역할을 하기 때문이다.

소통이 잘 이루어지는 조직에서는 구성원들이 조직의 방향성에 공감하고 조직의 비전 실현을 위해 자발적으로 참여할 가능성이 커져 구성원 간 신뢰가 강화되고 결과적으로 조직의 유연성과 민첩성을 높여 혁신을 촉진하게 된다. 이상적으로만 보이는 이러한 긍정적 순환은 우리가 알고 있는 글로벌 기업의 사례에서 쉽게 찾아볼 수 있다.

넷플릭스가 시장에서 오랫동안 우위를 차지하는 것은 자유로운 소통과 투명성을 기반으로 한 '피드백' 문화 덕분이다. 넷플릭스는 피드백 가이드를 만들어 피드백을 주는 방법과 피드백을 받는 방법의 기준을 정했고 긍정적이고 건설적인 피드백이 일상이 되게 했으며 이는 개인과 조직의 성장으로 이어졌다.

넷플릭스 '4A 피드백 지침'[43]

피드백을 줄 때	Aim to assist (도움을 주겠다는 생각으로 하라)	• 부하 직원에게 도움을 주겠다는 선의의 피드백 • 틀렸다는 표현보다 더 성장할 수 있음을 시사하는 피드백
	Actionable (실질적인 조치를 포함하라)	• 부하 직원의 행동이 변화되는 것에 초점 • 현실적 대안 제시
피드백을 받을 때	Appreciate (감사하라)	• 피드백 수행자에 대한 감사 표시 • 상대방의 조언을 열린 마음으로 받아들이는 연습
	Accept or discard (받아들이거나 거부하라)	• 피드백 내용에 대한 수용·거부 선택 • 피드백 수용 여부는 전적으로 받는 사람이 결정

---

[43] 리드 헤이스팅스, 『규칙없음』, 알에이치코리아, 2020, 77-78.

사우스웨스트 항공도 주기적으로 직원들의 의견을 듣고 수렴하는 타운홀 미팅을 개최하고 이를 통해 직원들이 회사의 방향성을 이해하고 개선 사항을 제안할 수 있도록 해 항공업계에서 높은 고객 만족도와 충성도를 유지하며 성장했다.

(4) 장기 생존과 성장의 코어, '소통'

그렇다면 소통은 조직문화 혁신을 위해서만 중요한 걸까? 소통은 조직의 경영활동에서 필수적인 요소로 조직 성과와 지속가능성에도 직접적인 영향을 미친다. 소통이 원활한 조직은 구성원들이 회사의 목표와 비전을 명확히 이해하고 자신의 역할을 자각함으로써 조직의 성과 향상에 기여한다. 또한, 소통을 통해 얻은 피드백은 조직이 외부의 환경 변화에 신속히 대응하고 내부적 문제를 조기에 식별하며 지속가능한 발전을 위한 전략을 수립하는 데 중요한 정보를 제공한다.

소통은 운동선수가 정확하고 안정적이고 강한 동작을 하는 데 필수 요소인 코어 근육의 역할을 하는 것과 같다. 코어 근육이 약한 선수는 잠시 동작을 흉내낼 수는 있어도 균형을 잡거나 오랫 동안 지속하거나 필요한 순간에 강한 힘을 내지 못하고 무너지고 마는데 소통이 약한 조직도 이와 같다. 그래서 소통이 잘 이루어지는 조직일수록 혁신성과 생산성이 높은 것이다.

원활한 소통 덕분에 기업의 재무성과까지 향상된 경우는 구글의 사례를 통해 알 수 있다. 구글의 목표·핵심결과지표(Objectives and Key Results, OKR) 시스템은 직원들이 목표를 공유하고 진행 상황을 투명하게 소통할 기회를 제공했고 이를 통해 전 세계 많은 회사는 이러한 소통이 조직의 지속가능한 발전에 필수적인 요소임을 인식하게 되었다.

이러한 사례는 마이크로소프트에서도 찾아볼 수 있다. 마이크로소프트 CEO 사티아 나델라는 조직 내 소통을 강화하고 다양한 의견을 반영하기 위해 개방적이고 수평적인 조직문화를 추구했는데 그중 하나가 '해커톤'이다. '해커톤'을 통해 직원들이 창의적인 아이디어를 자유롭게 개진하고 이를 실제 제품 개발에 반영할 기회를 제공했다. 이러한 소통 중심 접근은 마이크로소프트가 클라우드 컴퓨팅과 같은 신사업 분야에서 선도적 위치를 차지하는 데 중요한 기반을 만들어 주었다.

3. 소통을 어렵게 만드는 것들

(1) 소통에 대한 흔한 오해

'직장인 79.1%, 직장에서 소통장애 겪어'

포털 검색창에 소통이라는 단어를 입력해보면 여전히 눈에 띄는 소통 관련 기사 제목이다. 우리는 소통의 중요성을 항상 인지하고 있고 소통 활성화를 위해 나름 노력해왔는데 조직 내에는 소통 단절, 소통 사각지대가 왜 여전히 남아있는 걸까?

소통의 어려움을 가중시키는 출발점 중 하나는 소통 프로그램을 최대한 많이 자주 운영하는 것을 소통으로 여기는 오해다. 소통해야만 한다는 이유로 기존보다 회의 횟수를 늘리거나 누군가가 좋다고 하면 그것이 내 몸에 맞는지, 효과와 효능이 과학적으로 검증되었는지 등은 생각하지도 않고 일단 먹고 보는 보양식처럼 이런저런 프로그램을 도입해 운영부터 하곤 한다. 하지만 그 결과는 구성원들의 피로감과 스트레스만 가중시켜 투입된 노력에 비해 미약한 결과만 낳곤 한다.

소통을 어렵게 만드는 오해를 개인적 측면과 조직적 측면에서 살펴보면 다음과 같다.

먼저 개인적 측면에서 보면 소통할 때 자신만의 방식으로 이해해 생략하거나 자신만의 판단대로 타인의 생각을 단정해버리기 때문이다. 또한, 대화할 때 지나치게 일반화하는 오류를 범하는 것도 그 원인이다. 진정한 소통을 하려면 전달하는 스킬도 중요하지만 상대방이 말하는 근원적인 욕구와 감정을 이해하고 본의를 파악하려는 노력이 수반되어야 한다.[44]

조직적인 측면에서 보면 소통의 어려움은 다음과 같은 이유들에 기인할 것이다. 조직 내 소통을 개인 문제로 치부하는 것이 첫 번째 이유다. 그래서 온라인 교육이나 전문 강사 등을 통한 커뮤니케이션 스킬 교육 등으로 해결을 시도하는 회사들이 많다.

하지만 소통이 한두 번 스킬 교육으로 확연히 좋아질 수 있는 문제가 아님에도 불구하고 많은 회사가 이러한 오류를 반복하고 있다. 소통이 조직문화의 이슈라면 한 개인의 문제라기보다, 나아가 소통 역량과 능력의 문제라기보다 이를 가로막는 조직 내 환경 측면, 분위기 측면, 사람들의 의식 측면이 더 크게 작용하기 때문일 것이다.

또 다른 이유는 많이 회사가 구성원 간의 친밀감을 키우는 것이 소통이 잘 되는 방법이며 그것이 전부라고 생각한다. 그러나 회사라는 조직 내에서 소통이 잘 된다는 말의 의미는 구성원 간 협업이 원활히 이루어져 업무 성과와 회사의 성장으로 이어지는 것을 말하므로 친밀감을 키우는 것만으로는 한계가 있다. 조직 내 소통은 고성과라는 지향점이 명확하기 때문에 구성원 간 친밀감 향상을 넘어 실제로 성과를 불러올 수 있는 소통이 되느냐 여부에

---

[44] 유경철, 「소통을 방해하는 세 가지 장애물」, 월간 인재경영, 2020(10월호).

초점을 맞춰야 한다.

(2) 경직된 기존 문화

회사 내에서 소통의 어려움과 부재를 느끼는 데는 앞에서 이야기한 이유 외에도 다양한 것들이 있다. 그중 대표적인 것이 한국 기업들 내부에 여전히 뿌리 깊이 자리잡은 권위주의적 조직문화일 것이다. 직장 내에서 소통이 안 되는 이유에 대한 설문조사나 연구 결과를 보더라도 수직적 문화는 늘 주요 원인 중 하나로 꼽히고 있다.

소위 MZ세대로 불리는 젊은 구성원들은 수평적이고 투명한 소통과 이를 기반으로 한 합리적인 업무 방식을 원하지만 대부분의 회사는 여전히 톱다운 방식을 고수하고 발언권도 없는(있더라도 유명무실한) 무의미한 회의를 반복하고 있다. 위아래를 떠나 자유로운 토론으로 답을 찾는 생산적인 회의를 꿈꾸지만 현실은 참석한 윗사람에 대한 의전에만 혼신의 노력을 기울이는 경직된 문화를 무감각하게 받아들이고 있다.

'직장 내 커뮤니케이션' 설문조사(잡코리아)[45]

순위	항목	비율
1위	수직적인 조직문화 때문에	48.1%

[45] 최원영,「잡코리아 "직장 내 소통 부족해⋯ 수직적인 조직문화 탓"」, 뉴스웨이, 2014.08.11(https://www.newsway.co.kr/news/view?ud=2014081109112209424)

2위	서로의 의견을 잘 이야기하지 않아서	27.0%
3위	팀 내 또는 사내 이슈가 잘 공유되지 않아서	14.1%
4위	개인적으로 하는 업무가 많아서	9.7%
5위	미팅이나 회의를 자주 하지 않아서	1.1%

(3) 소통 채널의 부재

무분별한 소통 프로그램 운영에 반해 소통 채널의 부재도 소통의 어려움을 초래하는 원인 중 하나다. 위아래로 자연스럽게 흐르는 소통 시스템이 구축되어 있지 않고 구성원들 간 자유롭게 의견을 나누거나 피드백을 전달할 수 있는 공식적인 소통 채널이 마련되지 않은 채 소통 채널이라고 하면 늘 호프데이, 워크숍, 단체 회식 등 단발성 이벤트에만 치중하고 있다. 그러다 보니 구성원들은 내부가 아닌 외부에, 공식적이 아닌 비공식적인 소통에 집중하게 되고 이로 인해 정보 왜곡이나 오해가 발생하게 된다.

최근 들어 많은 기업이 사내 메신저나 소셜미디어 플랫폼을 활용해 소통 채널을 강화하기 위해 노력 중이지만 소통 부족을 해소하기에는 역부족이다. 특히 상호간 이해 결여를 해소하지도 않은 상태에서 남들이 하는 새로운 제도만 무리하게 도입하는 실수를 이어가고 있다.

(4) 세대 간 인식 차이

기성 세대와 MZ세대 간 가치관과 소통 방식의 차이도 소통을 어렵게 만드는 원인 중 하나다. 기성 세대는 공식적이고 절차적인 소통을 중시하는 반면, MZ세대는 더 즉각적이고 비형식적인 소통을 선호한다. 이러한 차이는 세대간 몰이해로 이어지며 조직 내 소통의 걸림돌로 작용하고 있다. 그래서 많은 기업이 다양한 프로그램을 운영하며 MZ세대 직원들과 경영진이 자유롭게 소통하고 서로의 생각과 의견을 공유하는 기회를 제공하기 위해 노력하고 있다.

LIG넥스원의 '금도끼 데이(Day)'가 대표적인 사례 중 하나다. 금도끼 데이는 MZ세대와 경영진 간 소통 경영의 일환으로 진행되는 조직활성화 행사 중 하나다. '금도끼 데이'는 경영진과 함께하는 '금요일 도시락 한끼'의 약자로 경영진과 맛있는 음식을 먹으며 다양한 주제로 자유롭게 소통할 수 있는 자리다.

특히 MZ세대 직원들로만 구성된 회의체 등을 구성해 젊은 세대의 목소리를 듣는 창구로 활용하고 있다. 이를 통해 MZ세대가 중시하는 가치를 반영한 정책을 수립함으로써 젊은 직원들의 만족도와 몰입도를 높여 나가고 있다.[46]

---

[46] 김의철, 「[방산人] 소통의 달인 김지찬 LIG넥스원 대표, '사람중심' 경영철학으로 지속가능한 성장기반 다져」, 녹색경제신문 2022.11.29(https://www.greened.kr/news/articleView.html?idxno=299194)

이런 다양한 프로그램들의 핵심은 조직 전반에 원활한 소통을 불러오기 위해 서로의 불편함과 어색함을 해소하고 무엇보다 고성과를 만들기 위해 어떤 소통 장애물을 걷어내야 하는지 그 원인을 찾아내 해결해주는 데 초점이 맞춰져 있다.

(5) 만나서 대화하기 어려운 시대

코로나19 팬데믹 이후 대면 소통이 불가능해짐에 따라 비대면 소통이 급증했다. 화상회의, 이메일, 메신저 등을 통한 비대면 소통은 물리적 거리나 시간적 제약을 극복할 수 있어 업무 효율성을 높이는 데 기여했다. 그래서 재택근무나 하이브리드 근무를 해도 업무의 연속성은 단절되지 않고 이전과 동일하게 지속적인 경영성과를 낼 수 있게 해주었다. 또한, 비대면 소통은 대면은 물론 전화 소통도 어려운 콜포비아(전화 call과 공포증 phobia의 합성어로 전화통화 기피 현상)가 있는 MZ세대에게 심리적 편안함을 제공하기도 한다.

하지만 비대면 소통은 몇 가지 문제점과 한계를 지니고 있다. 첫째, 비대면 소통은 대면 소통에 비해 비언어적 신호(표정, 몸짓 등)가 부족해 오해나 잘못된 해석이 발생할 가능성이 크다. 둘째, 기술적인 문제로 인해 소통이 원활하지 않을 수 있으며 이는 소통의 질을 저하시킬 수 있다. 마지막으로 비대면 소통은 인간적 교감이나 신뢰를 구축하는 데 한계가 있다. 이는 장기적으로 조직 내 소속감이나 일체감을 저하시킬 수 있으며 구성원들의 몰입도도 떨어뜨릴 수 있다. 최근 '줌 피로감'이라는 신조어가 생긴 것은 이러한 비대면 소통의 한계를 보여주는 대표적인 예다.

4. 직장인들의 대나무숲 '블라인드'

(1) 소통 활성화에 기여하는 블라인드

직장인들 사이에서 익명 커뮤니티 앱 '블라인드'는 인기를 넘어 이제 친숙한 소통 채널로 자리잡았다. 블라인드는 익명성을 보장하며 직장인들이 자유롭게 의견을 나누고 회사 내부 문제나 불만을 공유할 공간을 제공해주다 보니 조직 내에서는 꺼내지 못하는 이야기를 비슷한 고민을 가진 이들과 공유하고 공감을 얻는 공간이 되었다. 이는 소통이 부족한 조직문화 속에서 직원들이 자신의 목소리를 낼 수 있는 대안적 창구 역할을 하기 때문일 것이다.

조직 입장에서 블라인드는 활용만 잘하면 내부의 소통문제를 해결하는 데 도움이 되는 훌륭한 수단이 될 수 있다. 현재 조직의 분위기나 구성원들의 사기는 어떤지, 구성원들이 중요하게 생각하는 문제나 이슈사항은 무엇인지, 어떤 불만이나 애로사항이 있는지 등을 확인할 수 있다. 또한, 조직이나 경영진의 의도, 제도의 취지나 추진 방향과 다르게 구성원들이 받아들이는 사안을 사전에 파악해 조직 인에서 잘못된 오해가 확산되고 문제가 커지기 전에 적절한 조치를 취할 시간을 확보할 수도 있다.

블라인드 앱 관련 신문기사

"삼성, SK, 현대차 직원 10명 중 8명이 가입한 앱, 가입자 수 800만 명 넘어섰다"

"블라인드 앱 출시 10년… 직장 조직문화 확 바꿨다"

"블라인드로 노조원 모아"… '공평·수평' 내세운 MZ 노조의 실험'

(2) 블라인드가 만드는 소통의 골칫거리

블라인드가 긍정적인 면만 있으면 좋겠지만 블라인드의 익명성은 '양날의 검'과 같아 조직에 악영향을 미치기도 한다. 대표적인 것이 익명성에 기댄 유언비어와 마녀사냥이다. 왜곡된 정보를 양산해 기업 이미지를 실추시키는 등의 문제점도 상존한다.

과거와 달리 블라인드가 조직의 리스크로 다가오는 경우가 증가하고 조직은 이것을 해결하기 위해 다양한 시도를 하지만 많은 기업이 블라인드 이슈에 대응하는 과정에서 오류를 범하곤 한다.

가장 대표적인 것이 블라인드 가입이 어렵도록 시스템적으로 제한하는 것이다. 가입한 직원들이나 블라인드 앱에 부정적인 글을 올릴 것으로 추정되는 직원들을 대상으로 탈퇴를 종용하기도 한다. 또한, 다수의 회사 담당자가 문제가 되는 글을 신고해 그 게시물이 삭제되도록 하기도 한다. 하지만 직원들의 접근을 원천적으로 막는 방법은 풍선효과만 부를 뿐 근본적인 해결책이 되지 못하고 오히려 외부의 익명 게시판을 더 이용하게 하는 요인이 될 수 있다.

(3) 블라인드 리스크가 발생한다면

앞에서 언급한 블라인드 관련 문제점들이 우리 조직 안에서 발생한다면 어떻게 하는 것이 좋을까? 블라인드 이슈를 해결하기 위해서는 블라인드를 조직에 위해를 가하는 리스크로만 볼 것이 아니라 슬기롭게 접근하는 시각 변화가 필요하다. 적정 수준 이내의 불만 표출에 대해서는 개입하지 않고 제도 도입 및 변경 등에 대한 직원들의 진솔한 의견을 수렴하는 채널로 활용할 필요가 있다.

만약 사실과 다른 오해나 루머가 확산되는 경우가 발생하면 즉시 직원 설명회 등을 통해 직원들의 궁금증을 해소해 오해가 확산되지 않도록 관리하는 것이 현명한 대응책이다. 비대면 소통 문화는 상호신뢰와 안전감 측면에서 늘 다른 불씨를 안고 있기 때문에 진정성에 기반한 소통 노력이 무엇보다 중요하다는 점을 기억해야 한다.

★ **기억하기**(블라인드 리스크 발생 시 고려해야 할 두 가지 사항)

① 조직에 대한 구성원들의 신뢰는 **충분**한가?
② 구성원들에게 심리적 안전감을 주었는가?

5. 소통하고 싶다면 이것만은 꼭!

(1) 소통의 출발은 서로 믿는 데서부터

그렇다면 소통을 잘하려면 어떡해야 하고 소통의 진정한 본질은 무엇일까? 소통은 송신자와 수신자가 상호 메시지를 주고받는 것이다. 여기에 메시지를 전달하는 경로인 채널이 원활한 소통에 중요한 역할을 한다. 이렇게 간단한 활동이 왜 그렇게 어렵다고 야단일까?

그것은 소통이 단순히 메시지를 전달하는 것이 아니라 화자의 생각을 청자에게 전달해 화자가 기대하는 뭔가를 청자가 실행하게 하는 것이 원래 목적이기 때문이다. 화자의 메시지는 전달되지만 청자의 태도나 행동이 화자가 바라는 모습으로 나타나지 않는 것이 대부분이어서 '소통이 안 된다', '소통은 어렵다'라고 말하는 것이다.

따라서 소통이 잘 된다는 것은 얼마나 많은 방법과 빈도로 전달했느냐가 아니라 청자가 그 내용을 충분히 이해하고 행동으로 옮겼느냐로 결정된다.[47] 피터 드러커도 "내가 무슨 말을 했느냐가 중요한 것이 아니라 상대방이 무슨 말을 들었느냐가 중요하다."라고 주장했다. 소통 담당자는 소통의 이러한 본질을 이해하고 실무에 적용해야 한다.

---

[47] 박기찬, 「소통의 본질은 무엇인가? - '생산 기능', '개혁 기능', '사회화 유지 기능'」, HR 인사이트, 2012년 1월호.

소통 프로세스[48]

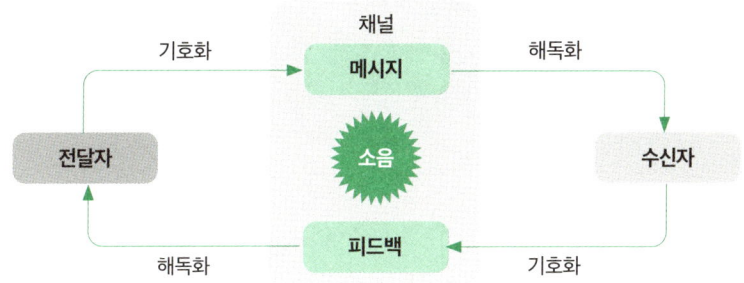

<그림 2-1> 소통 모델(랜디 후지신)

소통하는 조직문화를 만들려면 소통 관련 제도나 프로그램을 기획해 운영하기보다 조직 내에 구성원들이 함께 공감하는 집단 가정이 형성되어 있어야 한다. 우리가 하는 일이 충분히 즐거울 수 있다는 집단 가정, 나와 우리 조직이 날마다 하는 일은 내가 자부심을 가져도 될 만큼 충분히 가치 있고 의미 있는 일이라는 집단 가정, 자신이 하는 일이 즐거울 뿐만 아니라 자신이 조금만 더 노력하면 더 가치 있게 만들 수 있고 선배와 동료들도 그렇다는 집단 가정이 만들어지면 소통은 대화의 양이나 기회와 상관없이 저절로 일어날 것이다.[49]

소통하는 문화를 구축하려면 먼저 우리 조직이 추구하는 조직문화의 모습은 어떤 것인지, 그런 문화를 만들기 위해 어떤 비전, 핵심가치, 전략 등

---

48 Wikipedia, "the macro-model of the communication process", https://en.wikipedia.org/wiki/Models_of_communication, 2020.09.08.
49 유준희, 「소통의 조직문화는 일의 즐거움과 의미에서 시작된다」, HR인사이트, 2018년 11월호.

이 구성원들 간에 소통되어야 하는지 생각해봐야 한다. 소통하는 문화는 수년간의 노력으로 이루어지는 것이 아니므로 긴 호흡으로 접근하는 장기적인 계획(plan)이 필요하다. 많은 기업이 다양한 캠페인을 통해 소통을 구호로 외치고 있지만 실패를 거듭하는 것은 바로 이렇게 단기적인 접근으로만 소통 문제를 해결하려고 하기 때문이다.

(2) 투명하게 공개하면 오해도 Zero

소통을 통한 변화와 혁신을 위해서는 정보의 비대칭이 없어야 한다. 서로 자유롭게 정보를 공유하고 그 속에서 함께 고민해 해결점을 찾는 활동이 수시로 일어나면 구성원들은 어느새 자신이 속한 조직은 소통이 잘되는 조직이라고 느낄 것이다.

대표적인 사례로 카카오의 '100대0 원칙'이 있다. 카카오는 "내부에서는 모든 것을 공개하지만(100) 카카오를 벗어나면 아무것도 공개하지 않는다(0)."라는 원칙을 바탕으로 모든 임직원이 업무를 공개하고 공유한다. 카카오 임직원이라면 각 조직이 어떤 업무를 하고 있는지 실시간으로 확인할 수 있고 공개된 정보에 대해서는 자신이 속한 조직의 업무가 아니더라도 적극적으로 의견이나 아이디어를 개진할 수 있다. 심지어 법인카드 사용 내역까지 모두 공개된다.

투명한 정보 공개라고 하면 대부분 민감한 정보는 공유하기를 꺼린다.

예를 들어, 경영실적이 좋지 못한 경우, 그 사실을 가감없이 직원들에게 설명하기보다는 감춘다. 그럴 경우, 조직 내부에서는 사실과 다른 소문이 난무하고 조직 내부의 불안감은 더 커진다. 따라서 민감한 정보일수록 먼저 공개해 투명성을 확보하는 것이 진정한 소통일 것이다. 그러다 보면 회사와 직원 간 상호신뢰가 형성되고 소통하는 문화의 기반이 다져지고 현실을 정확히 인식하는 직원들의 자발적인 동참과 헌신이 증가할 것이다.

6. 소통 담당자가 해야 할 일: 소통문화 구축하기

그렇다면 실무자로서 소통담당자는 어떤 절차를 거쳐 소통문화를 구축할 수 있는지 그 절차와 방법, 그 안에서 소통담당자의 역할을 살펴보자.

소통문화 구축 절차[50]

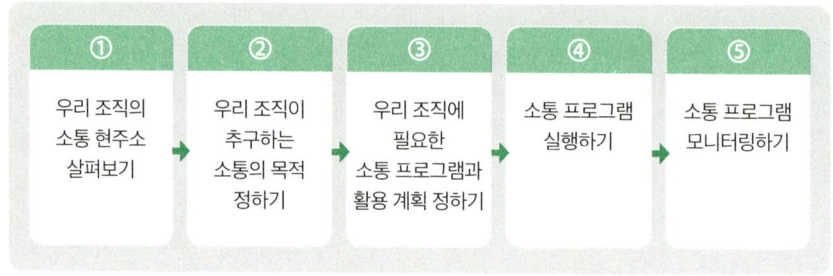

우리 조직의 소통 현주소 살펴보기

현재 우리 조직의 현황부터 점검해야 한다. 소통 관련 절차와 채널은 있는지, 경영진과 구성원들은 소통에 대해 어떻게 생각하는지 자기 객관화하듯이 살펴봐야 한다. 만약 소통 관련 활동을 하고 있다면 효과는 있는지, 빈도는 적절한지, 일관성과 지속성은 있는지, 소통 문화를 만드는 데 진척은 있는지 확인해봐야 한다. 현황을 파악하는 방법은 주로 구성원을 대상으로

50 　박기찬, 「소통 현상 파악 후 사명과 목표 수립」, HR인사이트, 2012년 4월호.

하는 설문조사, 초점집단면접(Focus Group Interview, FGI), 공청회 등이 있다. 만약 조직에 대한 신뢰가 충분히 구축되어 있지 않다고 판단되면 외부 전문가의 도움을 받는 것도 방법이 될 수 있다.

★ **기억하기**(소통체계 수립 전 소통담당자가 고려해야 할 사항)

① 기존 우리 조직 내에는 충분한 소통 채널이 갖추어져 있는가?
② 구성원 간 소통을 위한 정서적 공감대는 형성되어 있는가?
③ 소통을 저해하는 요소는 없는가?
④ 현재 우리 조직은 조직 소통에서 어느 단계에 있는가?
⑤ 우리 조직의 리더들은 소통에 대해 긍정적인 분위기를 형성하고 있는가?

우리 조직이 추구하는 소통의 목적 정하기

현황 파악이 끝났다면 우리 조직이 추구하는 소통 문화, 소통의 목적을 명확히 해야 한다. 이것은 앞으로 진행해나갈 소통 프로그램의 나침반과 같은 역할을 하므로 반드시 설정해야 한다. 무엇보다 소통하는 데 구체적인 장애물을 특정해 무엇이 나아지면 소통이 개선될지 파악한 후 소통 모멘텀을 강화해야 한다.

우리 조직에 필요한 소통 프로그램과 활용 계획 정하기

현황 파악이 끝나고 목적이 정해졌다면 이를 실현할 적절한 소통 프로그램을 찾아 그 활용법을 정해야 한다. 많은 회사가 이미 활용한 다양한 제도와 프로그램을 찾아볼 수 있지만 그것이 우리 조직에서 겪는 소통 문제를 해결해주는 만능 열쇠는 아니다. 우리의 목적을 달성하는 데 가장 효과적이고 효율적인 방법인지, 우리 구성원들에게 적합한지 면밀한 검토가 필요하다. 또한, 일관적이고 지속적으로 활용할 수 있는지에 대해서도 생각해봐야 한다.

소통 프로그램 실행하기

방법과 계획이 정해졌다면 적극적인 실행이 필요하다. 다만, 실행에서는 소통담당자의 지속적인 노력이 병행되어야 한다. 아무리 훌륭한 제도나 프로그램이더라도 효과적인 실행을 위해서는 구성원 교육, 지속적인 홍보, 적극적인 참여를 이끄는 독려 등이 필요하다. 전체 공지, 직원 설명회 등을 실시해 제도의 목적과 취지를 명확히 전달하고 진행되는 과정 공유, 우수 사례 소개 등을 꾸준히 보여줘 직원들의 주의를 환기시키고 자연스러운 참여가 이루어질 수 있는 분위기 조성에 노력을 기울여야 한다.

소통 프로그램 모니터링하기

스타트 버튼을 눌렀다고 해서 소통 프로그램이 기계처럼 저절로 잘 돌아가는 것은 아니다. 프로그램이 실행된 후 소통담당자는 원래 목적대로 잘 실행되고 있는지, 운영 도중 문제점은 없는지, 개선이 필요한 사항은 없는지 실시간으로 지켜봐야 한다. 구성원을 대상으로 한 인터뷰나 자체 설문조사(Pulse Survey) 등을 이용해 주기적으로 확인하고 그 프로그램이 잘 정착해 뿌리내릴 때까지 개선해 나가면서 구성원들의 관심과 참여도를 높여야 한다.

★ **기억하기**(소통체계 수립 후 소통담당자가 챙겨야 할 사항)

① 소통 빈도는 충분한가?

② 구성원 간 소통 시간은 충분한가?

③ 구성원 간 물리적 거리는 적당한가?

7. 다양한 소통 프로그램과 운용 방법

　세계적인 기업들은 소통, 즉 사내 커뮤니케이션을 가장 중요한 핵심 성공 요인으로 꼽고 있고 이를 성공적으로 운용하기 위해 심혈을 기울이고 있다. 이들은 4개 이상 채널을 직원 소통에 활용하고 있고 이메일과 타운홀 미팅 같은 프로그램도 많이 활용하고 있다. 가장 큰 특징은 소통 프로그램을 운영하는 데 그치지 않고 지속적으로 소통 성과를 측정하고 있다는 것이다. 소통에 진심인 기업들이다.

　기업에서 활용하는 소통 프로그램은 매우 많다. 프로그램에는 목적, 방향, 소통 대상 등이 있기 때문에 우리 조직의 현실과 필요에 맞춰 활용해야 한다. 그래서 다른 기업에서 효과를 본 프로그램이라도 면밀한 검토 없이 무차별적으로 도입해선 안 된다.

　수많은 소통 프로그램이 우리 회사에 필요한 프로그램인지, 조직 내 소통 불균형은 없는지 등을 쉽게 확인하기 위해 소통 프로그램 매트릭스 같은 방법을 활용해 보는 것도 도움이 될 수 있다. 소통의 방향과 대상을 기준으로 2 X 2 매트릭스를 그리면 한눈에 파악하기 쉽다.

51　박기찬, 「기업에서 활용 가능한 소통 프로그램_뉴스, CEO 레터 등… 목적, 채널에 따라 지속적 실행이 관건」, HR인사이트, 2011년 9월호.

소통 프로그램 매트릭스의 예[51]

사내 익명 소통 창구(익명 게시판)

많은 기업이 수평적인 커뮤니케이션의 일환으로 사내 익명 게시판을 소통 채널로 활용하기 시작했다. 또한, 블라인드 같은 외부 익명 커뮤니티 앱에 대응하기 위해 사내에 이와 유사한 익명 게시판을 개설하기도 하며 최근에는 MZ세대들의 의견을 듣는 창구로 활성화되고 있다.

사내 익명 게시판이 잘 운영되려면 먼저 사내 익명 게시판의 운영 목적이 조직 구성원들에게 명확히 공개되어야 하고 회사의 의도와 운영 방식도 분명히 전달되어야 한다. 그리고 회사의 사업 방향과 정책, 인사제도에 대한 건강한 의견 개진과 비판적인 시각도 중요하지만 적어도 우리가 일하는 일터에서 폭언, 욕설, 성추행, 직장 내 괴롭힘, 부당한 인사조치 등의 특정 주제와 이슈는 완전히 사라지도록 사내 익명 게시판이 회사의 온라인 소통 채널로 굳건히 자리잡아야 한다.

이처럼 소통은 소통만의 문제가 아니라 조직이 문제나 이슈를 어떻게 다루고 어떤 태도를 보이고 결론을 어떻게 맺는지와 관련된 태도와 절차도 모두 소통 문화 인식에 큰 역할을 하기 때문이다. 따라서 소통 스킬이나 역량교육 외에도 소통을 둘러싼 구성원들의 의식이 어떻게 생겨나고 있는지 잘 파악해 대처해야 한다.

무엇보다 사내 익명 게시판은 철저한 익명성 보장으로 구성원들의 심리적 안전감을 높여줘야만 익명 게시판의 본질적인 역할을 할 수 있다. 만약 익명 게시판을 운영하는 것이 부담이 된다면 처음에는 특정 이슈나 주제에 한해 활용하고 추후 확대해 운영하는 것도 방법이 될 수 있다. 마지막으로 명확한 기준을 수립해 투명하게 운영한다면 익명 게시판의 소통문화를 구축하는 중심 역할을 하게 될 것이다.[52]

소통 강화형 익명 게시판(한국철도공사 온라인 소통방): '이런 게 직장 갑질이야'[53]

한국철도공사는 직장 내 갑질 등 세대 간 인식 차이 해소를 위한 사내 온라인 소통방, '이런 게 직장 갑질이야'를 개설해 운영했다. 구성원들이 서로 이해하고 수평적인 조직문화를 구축해 창의적인 의견을 활발히 주고받는 소통의 장을 마련하기 위한 것으로 연차 사용, 야근 및 출퇴근, 부당한 업무 지시, 각종 강요, 개인적 지시, MZ세대 선정 자유토론, 기성 세대 선정 자유토론 등을 주제로 토론하고

---

52 임덕만, 「사내 익명 게시판, 지속가능한 소통의 장이 될 수 있을까?」, HR인사이트, 2023년 10월호.
53 전혜진, 「'요즘 것들' MZ세대, 기업문화 혁신의 중심에 서다」, HR인사이트, 2021년 7월호.

개선안을 만들어 실제로 오래된 관행을 개선하기 위한 가이드라인이 만들어지기도 했다.

아이디어 제시형 익명 게시판(롯데물산): '휘뚜루마뚜루'[54]

롯데물산은 MZ세대들의 톡톡 튀는 아이디어를 경영전략에 반영하기 위해 '휘뚜루마뚜루'라는 익명 게시판을 운영했다. 회사 경영에 필요한 아이디어라면 무엇이든 자유롭게 제안할 수 있도록 제한된 범위나 형식 없이 익명으로 아이디어를 접수하게 했다. 실제로 접수된 아이디어들 중 다수가 제도화되어 실행에 옮겨졌다.

타운홀 미팅 운영하기

타운홀 미팅은 경영 현황을 공유하고 직원 관련 정책에 대한 피드백을 수렴해 실행력을 높여준다. 회사의 정책에 자신의 의견을 직접 개진해 반영되는 것을 보면서 직원들은 크고 작은 변화를 체감하게 된다. 타운홀 미팅이 조직 내 소통제도로 자리잡으려면 먼저 지속적이고 꾸준한 실행이 필요하다. 한두 번 보여주기 식으로 진행하고서 그만두면 소통에 대한 회사의 의지에 대한 신뢰가 약해질 수 있기 때문이다.

---

54 임덕만, 「사내 익명 게시판, 지속가능한 소통의 장이 될 수 있을까?」, HR인사이트, 2023년 10월호.

또 하나 필요한 것은 적극적으로 의견을 청취하고 문제를 해결하려는 마인드다. 작고 사소한 문제더라도, 다소 민감하고 불편한 내용이더라도 피하지 않고 정면 돌파하는 자세가 필요하며 신속한 피드백을 통해 문제를 해결하는 모습을 보여줘야 한다.[55]

타운홀 미팅이 직원들에게 더 의미 있는 제도로 인식되기 위해서는 타운홀 미팅을 운영하면서 직원의 질문에 임원이나 담당 부서장이 곧바로 명확히 대답하기 어려운 경우에는 언제까지 어떤 방법으로 답변을 주겠다고 확실히 알려줘야 한다.

세계적 문구 브랜드 오피스디포(Office Depot)는 경영 현황 설명, 정책과 제도의 정확한 전달, 그에 대한 즉각적인 피드백을 얻기 위해 분기마다 전 직원이 참여하는 타운홀 미팅을 개최한다. CEO가 경영 현황을 직접 설명하고 직원들의 피드백과 질문을 여과 없이 경청한다. 질문에 대한 응답은 현장에서 즉시 이루어지지만 즉답하기 어려운 사안은 1주일 안에 이메일이나 사내 게시판으로 대답해준다.[56]

타운홀 미팅은 대면해 질문하다 보니 이런 점이 부담스러워 그 조직의 분위기에 따라 잘 운영되지 않을 수도 있다. 그럴 때는 사전에 익명 의견 공유 어플(app) 등을 이용해 사전 질문을 받고 현장에서도 그 어플을 이용해 실

---

[55] 오승우, 「대표의 모든 말과 행동이 회사의 조직문화가 된다」, HR인사이트, 2023년 6월호.
[56] 박기찬, 「[기업 커뮤니케이션] 세계적인 기업들의 사내 커뮤니케이션」, 매거진 한경, 2013.1.17(https://magazine.hankyung.com/business/article/202102244594b)

시간으로 질문을 받거나 답변에 대한 추가 질문을 하게 하는 것이 도움이 될 수 있다. 필자가 타운홀 미팅을 진행할 때도 다소 민감하거나 무거운 주제에 대해 질문하는 것이 부담이 된다는 직원이 많았다.

이러한 직원들이 심리적 안전감을 갖고 적극적으로 질문하고 의견을 개진할 수 있도록 익명 의견 공유 어플을 사용해 익명성 보장을 강화했다. 타운홀 미팅이 끝난 후 조사한 직원평가에서도 익명 보장이 되어 주제와 상관없이 실시간으로 편하게 질문할 수 있었던 것이 만족스러운 점 중 하나로 꼽혔다. 물론 익명 의견 공유 어플을 사용할 경우, 다소 거친 표현이나 인신공격성 질문이 나올 수도 있다. 이러한 것은 사전에 질문 방법 가이드를 제공하는 등 질문할 때 지켜야 할 에티켓이나 기본 규칙(ground rule)을 제시하면 어느 정도 방지할 수 있다.

카카오엔터테인먼트 타운홀 미팅: '엔톡(ENtalk)' [57]

카카오엔터테인먼트는 매월 전사 정보 공유를 넘어 구성원 간 소통의 장이 되는 타운홀 미팅인 '엔톡'을 운영 중이다. 초기에는 구성원 간 정기적 교감과 소통 중심의 프로그램을 운영했고, 이후에는 업그레이드해 리더 세션, 크루 세션, 파트너 세션 등으로 나누어 구성했다. 엔톡에서는 실적 공유, TF 활동 공유, 크루 세션 등 다채로운 교감과 정보 공유가 이루어진다.

---

[57] 이주현, 「카카오엔터테인먼트, 사내 미팅 브랜드 '엔톡' 출범… 매월 회의」, 한국경제, 2024.6.3(https://www.hankyung.com/article/202406031977i)

CA 제도 활용하기

소통담당자 또는 소통 담당부서가 모든 문제점을 파악해 해결책을 만드는 것은 결코 쉬운 일이 아니다. 구성원의 다양한 니즈와 의견을 청취하는 것도 쉽지 않을 뿐만 아니라 신속하되 장기적인 관점을 바탕으로 소통 프로그램을 오랫 동안 끌고 나가기는 더더욱 어렵다. 이런 경우, 변화 책임자(Change Agent, CA) 제도를 적극 활용하는 것도 소통 문화를 구축하는 방법이 될 수 있다.

CA 제도는 조직문화의 중요성이 대두되고 나서 이미 많은 회사에서 운영 중이다. CA는 조직문화를 개발하는 과정에서 요구되는 변화를 계획하고 주도하는 전문가로 '변화 책임자', '변화 관리자' 등으로 불린다. CA는 주로 일반 직원들로 구성되어 임직원의 의견을 직접 청취하고 조직문화의 변화를 위한 전략과 프로그램을 기획·운영하는 역할을 하므로 직원들이 숨은 니즈를 더 쉽게 찾아내 체감도와 만족도 높은 프로그램을 기획할 수 있고 직원들도 자신의 의견을 개진할 때 심리적 안전감을 느껴 진솔한 답변을 할 수 있다.

특히 소통 문제는 현장의 문제이고 구성원 누구나 답답함을 호소할 수 있기 때문에 조직 내에 폭넓게 자리할 수밖에 없다.

따라서 이런 CA 제도 등을 통해 각 본부나 부서별로 독특하게 존재하는 소통 문제들을 특정하고 더 친근하고 실효성 있는 방식으로 접근한다면 소통 문화를 형성하려는 의지가 조직 내에 충분히 전파될 수 있을 것이다. 필자가 CA 제도를 운영할 때도 CA를 통해 각 부서에 깊이 자리잡아 잘 보이지 않던 문제점들을 파악할 수 있었다. CA를 통해 문제점과 원인을 더 쉽게 확인해 더 실효성 있고 수용성 높은 해결책을 도출할 수 있었다.

KT&G 상상실현위원회[58]

KT&G 상상실현위원회가 '소통 공감'이라는 경영철학을 실행하기 위해 만든 조직으로 직원들이 바라는 것이 무엇인지 의견을 모아 CEO에게 직접 제언하고 개선하는 역할을 한다. 위원회는 본사, 영업부, 제조부 등 각 부서에서 선발된 10명의 젊은 직원들로 구성되며 위원회에 접수된 신선한 아이디어는 실제 제도로 구현되는데 대표적인 것이 생애주기별 가족 케어 프로그램이다. 또한, 세대 간 갈등 해소를 위한 방안과 리더십 변화 방향 등도 제시하며 사내 소통 활성화에 기여하고 있다.

소통 활성화를 위한 공간

'15m 법칙'으로도 불리는 '앨런 곡선'(Allen Curve)은 1970년대 말 MIT 토마스 앨런(Thomas J. Allen) 교수가 발견한 것으로 엔지니어 간 물리적 거리가 멀어질수록 의사소통 빈도가 급격히 줄어 효율적인 의사소통을 하기 어렵다는 이론이다. 사내에서 부서와 부서, 개인과 개인의 협업이 빈번히 발생하는 상황을 고려하면 공간 구성은 소통 활성화의 촉매제가 될 수도 있고 소통을 방해하는 요소가 될 수도 있다.

---

58 김유라, 「'상상실현위원회'로 구성원 목소리 담아」, 월간 인사관리, 2020년 3월호, 59-61.

앨런 곡선[59]

<그림 2-2> 앨런 곡선

    비대면 소통이 어느 때보다 활발히 이루어지고 MZ세대가 대면 소통보다 메신저, 메일 등 비대면 소통을 선호하는 요즘 소통을 위한 공간의 중요성에 의문을 제기할 수 있다. 하지만 이미 많은 기업이 협업하려면 대면 소통이 필요하다는 것을 깨닫고 재택근무 축소로 돌아서는 것을 볼 때 이것을 단순히 일부 회사의 사례로만 치부해버릴 수는 없을 것이다. 의사소통의 핵심 요소는 빈도와 시간인데 적당한 수준의 빈도와 시간을 늘리려면 소통의 주체가 자주 만나 원활히 대화를 나눌 공간을 마련하는 것이 선행되어야 한다.

    조직 내 소통 문제를 해결하려고 할 때 좀처럼 쉽지 않은 것은 기존 소통 문제가 그대로 남아 있고 소통에 대한 기존 분위기와 사고 방식이 고정되어

---

[59] Sally Todd, 2021.9.21, duome, Hybrid working presents a unique opportunity to bust the Allen Curve, https://duome.co/blog/hybrid-working-communication

있고 소통에서 어떤 태도와 반응을 보이는 것이 현실적으로 가장 바람직할지가 이미 형성되어 있는 경우가 많다는 것이다.

따라서 이런 기존 가정들을 흔들어줄 수 있는 공간 변화는 소통 문화의 변화를 향한 첫걸음이 될 수 있다. 최소한 사람들의 마음을 녹이고 좀 더 개방적으로 만들어 소통을 시도하려는 노력을 만들어줄 것이기 때문이다.

구글과 자포스의 사옥 구성[60]

구글은 신사옥을 지으면서 '직원과의 대화 늘리기'에 맞춰 디자인했다. 직원들이 걷는 속도를 측정하고 각 공간의 지름을 다각도로 측정한 후 전 직원이 2분 30초 안에 서로에게 다가갈 수 있도록 설계했다. 온라인 소매업체 자포스(Zappos)는 1인당 사무공간 면적을 150제곱피트에서 100제곱피트로 줄이고 휴게실도 의도적으로 매우 작게 만들어 사람들이 만나면 대화할 수밖에 없게 구성했다.

글로벌 기업들은 이런 부분에까지 왜 노력을 아끼지 않는 길까? 어쩌면 소통이 성과의 핵심이 된다는 것을 몸소 깊이 느꼈기 때문일 것이다. 분명히 성과는 입으로 외치는 소통과 협업에 있지 않고 실제 현실에서 이루어

---

[60] 하수미, 『MZ, 젠더 그리고 조직문화』, 플랜비디자인, 2021, 105-107.

지는 소통과 협업의 실제에 존재한다는 것을 깨달은 것이다. 글로벌 기업들의 사례에서 보듯이 소통 개선을 위해서는 시간을 들여야 하고 때로는 비용도 필요하다. 하지만 이러한 소통 개선 노력을 통해 구성원들의 성과 창출 방식이 더 많이 공유되고 조직 내 공식적인 절차나 관행이 형성된다면 소통 문화는 비로소 자리잡는다고 할 수 있을 것이다.

리더십과 조직문화

3

1. 조직문화는 리더만의 문제일까?

(1) "리더가 바뀌면 조직문화는 바뀌는 거 아니야?"

"닭이 먼저냐, 달걀이 먼저냐?"라는 질문을 누구나 한 번쯤 해봤을 것이다. 많은 조직에서 "우리 회사는 리더가 바뀌지 않아서 제대로 된 문화가 없어."라고 푸념한다. 리더는 "구성원들이 바뀌지 않으니 아무리 좋은 제도를 만들어 소통하려고 해도 안 된다."라고 하소연한다. 결론부터 말하면 리더만 바뀐다고 조직이 바뀌는 것은 아니다.

하지만 가정에서도 양육자가 바뀌면 아이들이 바뀌듯이 리더가 바뀌면 구성원들의 변화 속도가 가속될 수 있다는 것이 자명한 사실이다. 곧 리더가 변화하는 것은 조직문화가 바뀌는 첫 수순이다.

〈출처〉 네이버

필자가 좋아하는 TV 프로그램 중에 채널A의 「금쪽같은 내 새끼」가 있다. 정말 다양한 가정환경과 각자의 기질, 배경들 속에서 예상하기 힘든 결과물을 만들어내고 그 안에서 괴롭지만 그래도 더 잘 살아보겠다고 작은 끈이라도 붙잡기 위해 출연하는 사람들을 보고 있노라면 안타까운 마음이 들 때가 많다. 그런데 아이들의 행동 원인으로는 타고난 기질 자체가 그런 아이들도 있지만 대부분 양육자의 말과 표정, 마음과 기운, 배우자와의 대화와 분위기 등 집안에서 반복적으로 노출되면서 이상행동을 보이는 아이들이 대부분이다. 가정의 리더는 양육을 담당하는 사람이다. 엄마와 아빠가 될 수도 있고 아빠와 할머니, 엄마와 할아버지가 될 수도 있다. 다양한 형태의 가정들이 있고 이들은 모두 가정에서 리더 역할을 한다. 이 리더들이 무슨 생각을 하고 가정에서 어떤 규칙을 아이들과 함께 만들어가고 어떤 의견을 묻고 어떤 추억을 쌓고 어떻게 성장하느냐에 따라 서로 단단한 가족이 되거나 분열되어 각자 괴로워하는 가족이 되기도 한다.

이 프로그램에 출연하는 부모들은 관찰 카메라 속 자신의 모습을 보고 놀란다. 대부분 '내가 저런 줄 꿈에도 몰랐다', '아이 입장에서 보면 제가 너무 무서울 것 같네요', '제가 힘든 것만 생각했던 것 같아요', '다 제 잘못인 것 같아 아이한테 미안하네요' 등 자기 객관화, 자기 인식에 직면하는 과정을 거치며 아파하고 깨닫고 미안해하고 변화하려고 행동계획을 세우고 그것을 차근차근 실천해 나간다.

이 얼마나 다행인가? 이런 인식 자체가 축복이다. 진심으로 축하해주고 싶다. 하지만 어떤 부모는 그럴 수밖에 없는 이유를 끊임없이 내세우며 핑계를 대고 오히려 자신이 더 아이처럼 자신도 그렇게 사랑을 받지 못하고 자라 그렇다고 말한다.

물론 다 맞는 말이겠지만 아이 입장에서 생각해보지 못하는 미성숙한 모습이 안타까워 보이는 한편 위로도 해주고 싶다. 충분히 위로받지 못해 나이가 든 지금까지도 그것을 갈망하는 것일 테니까. 얼른 자신을 더 사랑할 줄 알게 되길 바라고 이후 자신을 아끼고 사랑하는 만큼 자신의 아이의 인생을 위해서라도 올바른 부모의 모습으로 일어서라고 격려해주고 싶다.

이 출연자들은 변화할 가능성이 큰 사람들이다. 자신의 지저분한 집, 자신의 직업, 아이의 상태, 배우자와의 관계, 어린 시절 자신의 모습 등 모든 것이 공개된다. 얼마나 큰 용기인가? 자신의 아이를 바르게 키우고 싶고 좋은 부모가 되고 싶고 아이가 웃으며 건강하게 자라게 해주고 싶어 이 프로그램에 출연 신청을 한 것 자체가 변하겠다는 강한 마음이 있었기 때문 아닌가? 아무나 할 수 있는 일이 아니다.

가정 문화는 리더인 양육자의 인식과 변화, 가치가 만들어가듯이 조직 문화도 리더의 인식과 변화, 가치와 신념, 방향성에 따라 달라진다. 오랜 세월 동안 CEO 리스크(Risk), 리더의 잘못된 방향성, 그것이 잘못되었다고 구성원 중 아무도 말하지 못하는 문화 등 많은 이유 때문에 조직에 문제가 생기고 그것이 조직의 생사를 결정하는 것을 볼 수 있었다.

대부분 중간관리자 이상의 조직 내 리더들은 의사결정권을 갖고 있기 때문에 리더가 뱃머리를 어느 쪽으로 돌리자고 이야기하고 구성원들과 공유하느냐에 따라 파라다이스 같은 섬에 무사히 도착하거나 생존하기 척박한 환경의 외딴 섬에 도착하기 때문이다. 하지만 그것은 조직이 바뀌기 위한 인식의 첫 단추를 끼우는 작업이기 때문에 리더 혼자 생각해낸 것을 제도로 만들고 아무도 시행하지 않는 시스템들을 만들어 현장에 적용한다면 무용지물일 것이다.

리더에게 인식된 변화의 필요성이 있다면 그런 생각을 하게 된 배경, 현 시점에서 우리 조직이 더 지체하지 않고 변화해야 하는 이유, 그렇게 시동을 걸었을 때 우리가 도착할 장소의 구체적인 그림을 이야기할 수 있어야 구성원들이 크로키(croquis: 대상의 자연스러운 동세나 형태, 포인트 등을 관찰해 재빨리 표현하는 스케치 기법이자 관찰력과 손 감각을 증진시키는 훈련법)라도 그려볼 수 있을 것 아닌가?

거기까지 구성원들이 이해하고 함께 해보자는 생각이 공유되었다면 그때부터는 각자의 자리에서 거기로 가기 위한 기획, 전략, 실행, 결과물, 피드백 등 자신에게 주어진 역할보다 좀 더 도전적인 역할을 해내려는 적극적인 참여가 필요하다. 그렇게 함께 그린 그림으로 가기 위해 공통 목표가 필요하고 그 목표로 신속히 가려면 조직 내 '일하는 방식'이 필요한 것이다.

그렇게 되었을 때 조직문화가 만들어지고 그것에서 보람과 가치를 느끼며 뭔가를 함께 성공적으로 해냈을 때 오는 쾌감과 그 안에서의 나의 존재감을 그대로 느낄 수 있을 것이다. 잊지 못할 그런 체험은 다음 세션으로 가는 데 큰 원동력이 된다. 아마도 이런 과정들 때문에 가장 먼저 인지해야 할 사람이 리더이다 보니 리더가 변하면 조직문화도 바뀔 수 있다고 말하는 것이다.

리더가 가치를 공유하고 그 가치가 실행되어 성과가 날 때 구성원들은 리더와 회사를 신뢰하게 되고 그 속에서 자신의 커리어도 의미있게 성장하고 있음을 느끼며 힘들고 바쁘지만 신나게 회사를 다닐 수 있다. 작은 팀을 이끄는 리더는 긴밀히 협력하고 공통 목표를 공유하는 것이 동기부여 요소로 작용할지 모르지만 조직이 커지고 새로운 팀원들이 교체되는 조직구조의 변화를 자주 겪게 되면 기존 조직문화의 고리가 약해지기 쉽다.

리더십이 실패하는 이유는 그 과정에서 리더가 조직의 핵심 가치와 문화를 유지하는 데 실패하기 때문이다. 리더는 회사의 비전과 가치를 지속적으로 전파하고 그것을 바탕으로 팀의 결속력을 강화해 나가야 한다. 하지만 이런 현상들이 제대로 반영되지 못하면 구성원들의 동기부여가 약해지고 회사 내 갈등이 증가하고 조직 이탈로까지 이어진다. 구글이 실시한 연구에 따르면 리더가 조직문화를 유지하는 데 실패한 기업의 80%가 직원의 몰입도 저하를 경험했고 이는 높은 이직률로 이어졌다.

리더가 자신의 개인적인 삶의 신념부터 회사의 가치, 방향성, 목표 등을 제대로 그려내지 못하면 조직문화가 없는 곳에서 불안감을 가진 채 출근해 일을 위한 일만 하게 되는 것이다. 리더는 늘 자신에게 모든 답이 있고 자신의 모든 것이 옳다고 생각하는 순간 착각의 늪에 빠지고 조직에 이도 저도 아닌 애매한 회색 지대(gray zone)를 만든다. 그렇다면 리더의 핵심 맥락인 조직가치에 대해 끊임없이 고민하고 그 내용을 구성원들과 지속적으로 소통하며 짧은 시간 안에 더 나은 성과를 내기 위해 앞으로 나아가는 노력을 아끼지 말아야 할 것이다.

많은 조직에서 조직이나 단체에 문제가 지속적으로 생기거나 변화가 필요할 때 흔히 하는 것이 리더 교체다. 우리나라 축구, 정계, 재계, 기업 오너 등 다양한 곳에서 리더 교체를 단행한다. 이것은 단순히 리더를 바꾸는 데 그치지 않고 리더 때문에 다른 조직문화, 시스템, 성과, 피드백 등이 바뀌길 바라고 이러한 조치를 취하는 것이다.

** 리더 교체가 조직문화에 미치는 다섯 가지 영향 **

1. 리더의 태도와 열정이 조직문화의 기준을 만든다

리더는 조직문화의 핵심이다. 새로운 리더가 조직을 이끌게 되면 그 리더의 가치관, 태도, 열정, 소통방식이 조직 내 표준으로 자리잡는다. 열정적이고 책임감 있는 리더는 팀원들에게 긍정적인 동기부여를 해주고 주도적으로 일할 분위기를 만든다. 반대로 무관심하거나 소극적인 리더는 조직 전체의 활력을 떨어뜨리고 침체된 조직문화를 초래할 수 있다.

2. 조직 내 신뢰와 심리적 안전감 조성

리더가 교체되면서 소통 방식이나 피드백 문화가 달라질 수 있다. 지원자적 태도를 가진 리더는 구성원들이 실수나 실패를 솔직히 공유하고 서로 도움을 주고받는 심리적 안전감이 높은 문화를 조성한다. 반면, 평가자적 리더십이 강화되면 구성원들은 책임 회피나 소극적인 행동을 보일 수 있다.

3. 업무 방식과 협업 구조의 변화

리더가 바뀌면 회의 방식, 의사결정 구조, 업무 분배 등 실제로 일하는

방식이 달라진다. 같은 업무도 리더의 성향에 따라 협업이나 정보 교류, 승인 절차 등이 크게 달라질 수 있다. 훌륭한 리더는 효율적이고 개방적인 협업 문화를 만들고 그 반대의 리더는 폐쇄적이고 경직된 문화를 만든다.

4. 조직의 장기적 비전과 혁신 방향 설정

새로운 리더가 장기적 비전과 목표를 명확히 제시하면 조직 전체가 성장과 혁신을 지향하는 방향으로 움직인다. 반면, 비전 제시가 부족하거나 변화에 소극적인 리더는 조직의 혁신 동력을 약화시킬 수 있다.

5. 조직문화 변화의 한계와 예의

일부 조직에서는 리더 교체에도 불구하고 기존 문화가 쉽게 바뀌지 않는 경우도 있다. 오랜 시간 동안 형성된 조직문화는 리더 개인의 변화만으로는 단기간에 바꾸기 어렵고 조직 구성원들의 집단적 신념이나 관행이 뿌리 깊게 작동할 수 있다. 그 뿌리가 너무 깊으면 리더가 아무리 바꾸려고 해도 '바위에 계란 치기' 꼴이 되어 결국 리더 자신도 지치고 만다.

리더가 바뀌면 조직문화에 매우 큰 영향을 미친다. 새로운 리더의 성향과 리더십 스타일에 따라 조직의 분위기, 협업 방식, 동기부여, 심리적 안전감, 혁신 방향 등이 달라질 수 있다. 그러기 위해 간단한 질문을 통해 리더 자신은 조직 내 어떤 리더로 자리매김하고 있고 어떻게 소통하고 일하는 문화를 갖고 있는지 알아보자.

〈질문〉 개인적인 대화를 나누고 있는 직원들 앞에 갑자기 리더가 나타난다면?

1. 신경쓰지 않고 하던 대화를 계속 한다.
2. 대화를 멈추고 멈칫거린다.
3. 대화를 멈추고 서둘러 자리를 피한다.
4. 대화의 주제를 함께 이야기 나눈다.
5. 가볍게 인사를 나누고 하던 대화를 자유롭게 계속 한다.

이 중에서 당신은 몇 번을 골랐는가? 2번, 3번을 골랐다면 꽤 경직되고 수직적인 문화 속에서 일하는 조직일 것이다. 조직의 모든 상황을 구체적으로 다 이야기할 수는 없겠지만 4번, 5번이라면 꽤 수평적이고 심리적 안전감이 높아 리더에게 다가갈 수 있는 열린 조직이라는 느낌이 든다. 심리적 안전감이 높은 조직이 무조건 성공하고 좋은 조직이라고 단언할 수는 없다. 이미 많은 신문 기사로도 나왔지만 산업군에 따라 다를 수 있고 심리적 안전감과 더불어 명확한 목표, 성과에 대한 책임, 성장과 도전을 장려하는 문화가 균형적으로 갖춰질 때 진정으로 건강하고 성과가 높은 조직이 만들어진다고 말한다.

하지만 이 사례처럼 4번과 5번이 선택되는 조직이라면 그래도 아이디어를 제안하거나 이견(異見)을 제시할 때, 이번 업무 부여에 대한 이야기를 나누고 싶을 때, 집안에 큰일이 있는데도 휴가를 못 쓰고 난감한 상황일 때 등 다양한 순간에 대화를 나누자고 말을 건넬 수 있는 정도의 문화는 될 것이다.

이처럼 조직문화는 조직 구성원의 일반적인 행동, 조직의 전반적인 분위기를 말한다. 그리고 그 분위기와 행동(일하는 방식)들이 쌓여 일하고 성과를 내는 방향으로 자연스럽게 이끌게 된다. 우리 조직은 어떤지 생각해보고 리더라면 자신의 모습과 우리 조직의 분위기를 떠올려보자.

리더가 구성원들과 이러한 조직문화를 만들어 그것이 함께 인지될 수 있고 그것이 유지되어 성과로 이어지고 지속되어 회사의 성장과 확장 등으로 가기 위해 리더의 가치, 방향성 등이 어떻게 정리되어야 하는지 그 부분을 먼저 위 질문과 연결해 정리해보는 것이 선행되어야 한다.

맥데이비드[John W. McDavid], 하라리[Herbert Harari], 베스[Bernard M. Bass], 샤인[Edgar Schein], 스티어즈[Richard M. Steers], 블랙[J. S. Black] 등 여러 학자가 말하는 '조직'의 일반적인 정의는 다음 세 가지로 정리할 수 있다.

1. 둘 이상의 사람
2. 공통의 목표
3. 상호작용

이 세 가지가 있어야 '조직'이라고 말할 수 있다고 한다.

그렇다면 조직문화를 이야기하고 있는 우리는 리더가 어떤 공통 목표를 가지고 구성원들과 어떻게 상호작용하는지가 중요하다는 것을 알 수 있다. 맥킨지의 7S 프레임워크(McKinsey 7S Framework)의 창시자 중 한 명인 톰 피터스Tom Peters는 1980년대 초 전략 실행을 위한 새로운 조직 관점을 7개 요소로 제시했고 그것이 바로 구조(Structure), 전략(Strategy), 시스템(System), 공유 가치(Shared value), 스킬(Skill), 스타일(Style), 구성원(Staff)이라고 말한다. 이 요소들은 상호의존적이어야 하며 다음 그림과 같이 공유 가치 중심으로 정렬되어야 한다.

맥킨지 7S 프레임워크

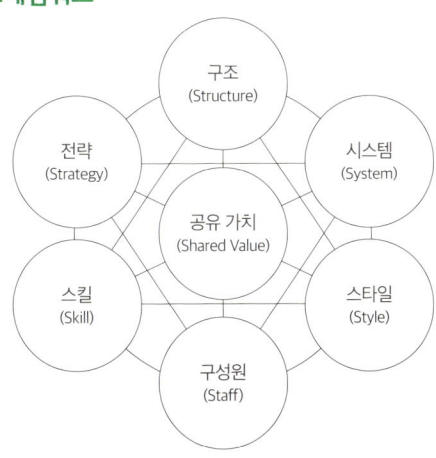

<그림 3-1> 맥킨지 7S 프레임워크

이전에는 조직구조만 조직으로 생각했다면 피터스가 말하는 사회성을 포함한 조직을 생각해야 한다고 했다. 7S의 전체 7개 요소 중 구조, 전략, 시스템 3개는 하드 요소이고 공유 가치, 스킬, 스타일, 구성원 4개는 소프트 요소다. 결국 우리의 공통 목표도 '사람'을 통해 하드 요소와 소프트 요소가 만들어지고 실행되며 '사람'만 그 꿈을 이루어줄 수 있는 핵심요소다.

경영진과 같은 핵심그룹의 역량, 능력, 리더십 스타일이 중요하다고 말하고 있으며 '조직'의 정의에서 세 번째로 말했던 '상호작용'을 신뢰성 있게 어떻게 쌓아 나가느냐가 건강한 조직문화를 만드는 필수 조건임을 강조하고 또 강조해도 지나치지 않다.

Self Question
현재 우리 조직은 어떠한가? 하드 요소에 힘을 쏟고 있는가? 소프트 요소를 바탕으로 하드 요소를 중시하고 있는가?

체크 방법
구성요소 항목과 상세 부분을 보고 우리 조직이 중요하게 생각하고 움직이는 것이 무엇인지 1~7위까지 순위를 매겨보자. 상세 항목을 읽어도 헷갈리는 것이 있다면 핵심 분석 질문 칸까지 다시 읽어보고 체크하면 도움이 될 것이다.

구분	구성요소	상세 항목	우리 조직의 우선순위
하드 요소	구조	• 조직구조, 업무분장, 협력 메커니즘	
	전략	• 기업이 외부 환경 변화에 대응하거나 예상해 계획하는 일련의 행동 • 비즈니스의 목적과 조직의 경쟁우위 제고를 위한 방법	
	시스템	• 업무수행 활동 절차 • 공식·비공식 평가, 보상, 자원할당 절차	

소프트 요소	공유가치	• 조직문화의 중심을 형성하는 조직의 핵심 믿음과 열망	
	스킬	• 핵심 역량 및 능력	
	스타일	• CEO, 관리자 같은 핵심 그룹의 관리 스타일	
	구성원	• 조직 내 인적 자원의 인구통계적, 교육적, 태도적 특성 등	

<표 3-1> 맥킨지 7S 프레임워크

구분	구성요소	상세 항목	우리 조직의 우선순위
하드 요소	구조	• 조직구조, 업무분장, 협력 메커니즘	• 회사조직은 어떻게 구성되는가? • 조직구조는 어떠한가?
	전략	• 기업이 외부 환경 변화에 대응하거나 예상해 계획하는 일련의 행동 • 비즈니스의 목적과 조직의 경쟁우위 제고를 위한 방법	• 우리의 전략은 무엇인가? • 우리의 목표를 어떻게 달성하고자 하는가? • 우리는 경쟁력을 어떻게 제고하고 유지할 수 있는가? • 팀은 어떻게 구성되고 정비되는가?
	시스템	• 업무수행 활동 절차 • 공식·비공식 평가, 보상, 자원할당 절차	• 조직을 운영하는 주요 시스템은 무엇인가? • 인사체계뿐만 아니라 커뮤니케이션이나 문서 저장 시스템을 고려하라. • 시스템 통제는 어디에 있으며 어떻게 모니터링되고 평가되는가? • 팀 활동을 지속하기 위해 지켜야 할 내규나 내부 절차는 무엇인가?
소프트 요소	공유 가치	• 조직문화의 중심을 형성하는 조직의 핵심 믿음과 열망	• 핵심가치는 무엇인가? • 사내 문화 및 팀 문화는 무엇인가? • 이러한 가치는 얼마나 강한가? • 회사나 팀의 근본 가치는 무엇인가?

소프트 요소	스킬	• 핵심 역량 및 능력	• 경영진의 경영 스타일은 얼마나 참여지향적인가? • 경영진은 얼마나 효율적인가? • 직원이나 팀 구성원은 경쟁력이 있고 협조적인가? • 조직 내 문제를 실질적으로 다루는 팀이 있는가? 아니면 명목상의 팀인가?
	스타일	• CEO, 관리자 같은 핵심 그룹의 관리 스타일	• 팀 내에 어떤 직위와 직책이 있는가? • 충원되어야 할 직위는 무엇인가? • 직원들에게 요구되는 역량과 실제 역량 간에 격차가 존재하는가?
	구성원	• 조직 내 인적 자원의 인구통계적, 교육적, 태도적 특성 등	• 회사나 팀 내에서 가장 강점인 스킬은 무엇인가? • 숙련 격차(Skill gap)가 존재하는가? • 회사나 팀이 잘 한다고 알려진 것은 무엇인가? • 현재 직원들은 업무를 수행할 능력이 있는가?

<표 3-2> 맥킨지 7S 프레임워크 세부사항

우선순위 체크 후 돌아보기

* 우선순위의 상위 순위는 하드 요소에만 모두 집중되어 있는가?

* 우선순위의 상위 순위는 소프트 요소에만 모두 집중되어 있는가?

* 1순위로 가장 잘 꼽은 것은 어떤 구성요소인가?

* 왜 그렇다고 생각하는가?

* 구체적으로 어떤 부분이 잘 되어 있는가?

* 하위 순위 6위와 7위는 어떤 구성요소인가?

* 그것은 현 시점에서 조직 내에 정말 필요한 요소인가?

* 필요하다면 어떤 방법으로 실행할 수 있는가?

* 그 시작 시기는 언제이며 그것이 조직에 정착할 때까지 얼마나 걸릴 것으로 예상하는가?

* 그것을 실행하기 위해 이것을 작성한 이번 분기에 해야 할 일은 무엇인가?

* 그것을 실행하기 위해 이번 달에 할 일은 무엇인가?

이 책을 읽고 있는 분이라면 위 질문들에 꼭 답해보기 바란다. 전 세계 최고의 리더십 전문가이자 베스트셀러 작가인 존 맥스웰[John Maxwell]은 "당신이 사라진 후에도 당신의 사람들과 조직이 잘 해내고 있는가에 의해 측정된다."라고 했다.

하드 요소에만 집중되어 돌아가고 있지는 않은가? 소프트 요소가 기본 바탕이 되어 하드 요소가 더해진다면 그 조직은 지속가능성을 현실화할 수 있는 조직이 될 것이다. 여기까지 보니 리더가 바뀌면 조직문화를 바꿀 수 있다는 생각이 든다. 실제 경영현장에서도 이런 원리들이 제대로 작동하고 있는지 검증해야 한다.

사례 1. 마이크로소프트

〈출처〉 네이버

2014년 2월 4일 스티브 발머[Steve Ballmer] 뒤를 이어 마이크로소프트 CEO로 임명된 사티아 나델라는 취임하자마자 회사의 경영방식과 문화를 바꾸기 위해 대대적인 개편을 했다. 첫째, 마이크로소프트의 문화 혁신이었다. 회사 내부의 경쟁적이고 폐쇄적이던 기존 문화를 협력적이고 개방적인 문화로 변모시키기 위해 노력했다.

특히 소통과 협력의 문화, 수평적 조직을 만들기 위해 부서 간 협업을 장려했고 전체 직원의 의견이 존중받고 창의성을 발휘할 수 있도록 하는 개방적 소통 방식을 권장했다. 이는 사티아 나델라의 공감(Empathy)과 지속가능한 혁신(Sustainable Innovation)이라는 두 가지 리더십 철학을 바탕으로 하고 있다.

나델라가 리더십에서 가장 중요한 덕목으로 꼽는 것은 변화와 적응이다. 끊임없이 빠르게 변화하는 기술산업 환경 속에서 우리의 성장은 신속한(agile) 변화와 적응이라고 생각했으며 두려움을 없애고 새로움을 적극적으로 수용하는 자세를 강조했고 이것은 회사의 혁신 속도를 가속화할 수 있었다.

온화한 성품의 나델라는 진심으로 존중하고 열린 마음으로 직원들을 대했고 너무 바빴지만 가족과의 일상을 소중히 챙겼다. 또한, 꾸준한 자기성찰과 독서를 통한 지속적인 배움도 게을리하지 않았다. 이런 성찰하는 모습과 가정에서의 사랑이 탄탄한 내면의 힘을 만들어준 덕분에 리더십을 만들어 성공적인 경영을 이어나갈 수 있었다.

사례 2. 모발이식 병원

〈출처〉 MBC 「전지적 참견 시점」 2024년 8월 31일 방송분

매니저로 출연한 간호팀장은 괴짜 원장님과 함께 이 병원에서 8년째 일하고 있다고 인터뷰한다. 전날 직원들이 먹고 싶다던 아침식사 대용 간식을 사서 출근하고 화장실 청소도 자신이 직접 한다. 각종 도구로 신속히 청소하는 모습이 화면 속에 보였다. 직원들이 하루종일 일하느라 힘들고 피곤할 거라고 생각하고 퇴근할 때 사무실에 걸려 있는 신용카드를 가져가 저녁에 먹고 싶은 것, 하고 싶은 것을 할 수 있게 하고 있는데 매달 약 2천만 원이 든다고 한다. 그렇다고 직원복지를 위해 직접 화장실 청소를 하고 돈을 많이 쓰라는 말이 아니다.

'요즘 한 직장에서 8년 동안이나 일하는 사람이 있나?'라는 생각에 방송 프로그램에 눈길이 갔다. 원장이 직접 움직이고 눈으로 보여주는 모든 것은 병원 내 조직문화를 만들어가는 데 충분했고 '사람(people)'이 항상 원장의 경영철학의 중심인 것이 돋보였다. 직원을 존중하고 자신을 낮출 줄 아는 원장의 헌신과 배려 덕분에 조직 구성원들은 모두 함께 릴스를 찍고 환자들을 위한 이벤트를 먼저 나서서 할 만큼 적극적으로 바뀌었다. 사람이 조직을 살리고 사람이 환자를 행복하게 한다는 그 진리를 명확히 아는 리더인 것이다.

이것이 타인을 위한 봉사에 중점을 두고 조직 구성원들의 성장과 복지를 우선시하는 '서번트 리더십'(Servant Leadership)이다. 하지만 서번트 리더십만 있는 것이 아니라 '외부고객 만족을 위한 우선순위는 내부고객 만족'이라는 리더의 조직에 대한 가치가 조직문화로 어떻게 발현되는지 잘 보여준다.

《Essence Present》

A. 맥킨지 7S 프레임워크에 우리 조직을 대입해 세부항목과 함께 생각해보기
B. 회사 시스템으로 접근하는 조직문화의 변화, 지속적인 리더의 마인드와 태도로 전 직원이 바뀌고 문화가 형성되는 변화, 모두 공존해야 함에 대한 인식

(2) 구성원이 바뀌면 조직도 바뀔 수 있다?

2012년부터 4년 동안 구글 인사팀은 구글 내에서 '완벽한 팀을 만드는 것은 무엇인가요?'라는 질문의 답을 찾는 '아리스토텔레스 프로젝트'(Project Aristotle)를 진행했다. 프로젝트 이름은 "전체는 부분의 합보다 크다."라는 말을 남긴 고대 그리스 철학자 아리스토텔레스의 이름에서 가져온 것이다. 사회학자, 심리학자, 통계학자들이 동원되어 구글에 있는 180여 개 팀을 면밀히 분석하고 200명 이상을 인터뷰하고 250여 개 팀의 속성을 분류하는 대규모 프로젝트였다.

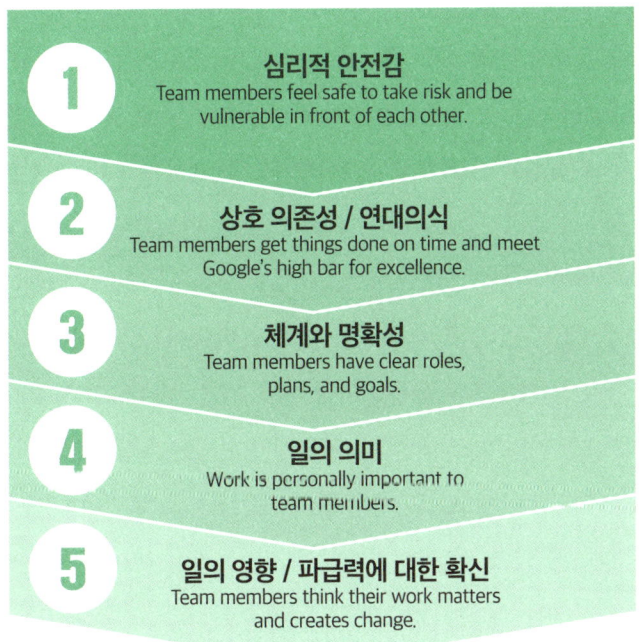

<표 3-3> 구글의 아리스토텔레스 프로젝트: 생산적인 팀의 다섯 가지 조건

처음에는 대부분 사람들이 쉽게 추측하듯이 능력이 뛰어난 사람들이 모인 팀이 더 좋은 성과를 낼 것으로 예상했다. 하지만 실험 결과, 팀원 개개인의 능력 유무는 별 영향을 미치지 못했다. 이 프로젝트에서 1위로 나온 것은 '심리적 안전감'이었다.

심리적 안전감은 구성원들이 업무와 관련해 자신의 의견을 자유롭게 개진하거나 실수하거나 위험을 감수하거나 도움을 요청할 때 놀림이나 인신공격 등 대인관계상 해를 입지 않고 어떠한 처벌이나 보복도 받지 않을 것이라는 믿음이다.

실제로 높은 성과를 내는 팀은 모두 동료들의 눈치를 보지 않고 자신의 생각이나 질문, 우려 사항을 자유롭게 개진하고 자신의 아이디어를 활발히 이야기하고 서로의 의견에 귀 기울이고 실수나 문제도 회의를 통해 빠르게 파악해 높은 성과를 이끌어내고 있고 창의성, 학습, 탐구 능력이 향상된다는 많은 증거가 제시되고 있다. 이 실험 이후 구글은 목표 달성에 실패한 팀에게도 보너스를 주는 등 결과에 맞는 변화를 만들어갔다. 실패하면서 그 안에서 노하우를 얻은 것을 축하하는 개념이다.

앞의 표에서 4위에 '일의 의미: 일은 개인적으로 팀 구성원들에게 중요하다.'라는 항목이 있다. 일은 팀원들에게 개인적으로 중요하며 그 안에서 의미를 찾길 원한다는 것이다. 사람들은 누구나 인생과 조직에서 자신의 존재감(Being)을 중요하게 생각한다. 내가 하는 일이 세상에 도움을 주고 변화를 일으킬 것이라는 신념, 그 안에서 내가 성장하고 있다는 믿음은 사람을 움직이는 동기부여가 될 수 있다.

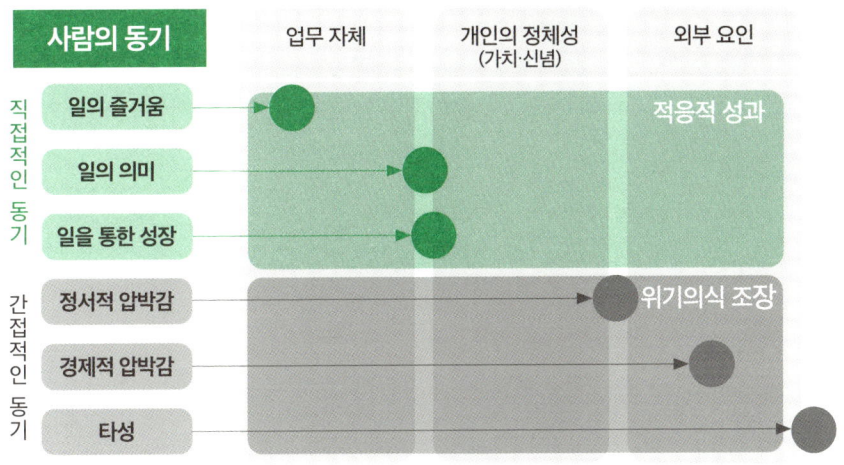

<표 3-4> 사람의 두 가지 동기

직접적인 동기	즐거움	• 단지 어떤 일을 **좋아해 일하며** 일 자체가 보상이다.
	의미	• 그 일을 함으로써 발생하는 **영향력**을 중시해 일한다.
	성장	• 자신이 중시하는 **어떤 결과를 이끌어내기** 때문에 일한다.
간접적인 동기	정서적 압박감	• 자신이 느낄 **부정적 감정**을 피하고 싶어서 일한다.
	경제적 압박감	• 단지 **보상**받거나 **처벌**을 피하기 위해 일한다.
	타성	• **어제도 이 일을 했으니 오늘도 이 일을 할 뿐이다.**

<표 3-5> 직접적인 동기와 간접적인 동기

「하버드 비즈니스 리뷰」를 통해 소개된 동기이론 전문가 맥 그레거 McGregor는 적응적 성과는 첫째, 자신의 일 속에서 학습 경험·탐구·지적 호기

심·문제해결을 통한 일의 진전 등을 경험하는 일의 즐거움(Play), 둘째, 자신의 일이 동료·조직·사회에 제공하는 긍정적 영향력을 인식하는 일의 의미(Purpose), 셋째, 현재 하고 있는 일을 자신의 성장을 위한 잠재력으로 인식하는 일의 성장(Potential) 등 일 자체에서 비롯된 직접적인 동기들에 의해 만들어진다고 주장한다.

그럼 구성원 주도(Bottom up)로 구성원들이 조금이라도 일의 즐거움, 의미, 성장을 느끼게 해줄 조직문화적 차원은 없을까? 많은 조직에 변화 추진자(Change Agent, CA)들이 있다. 구성원들이 조직에서 우리를 소중히 여기고 즐겁게 일할 수 있는 문화를 형성하기 위해 많은 노력을 기울이고 있고 성과도 내고 있다. 하지만 "그렇게 단발성 이벤트를 나열한다고 조직문화가 좋아지냐? 그건 예산 낭비일 뿐이고 지속성도 없다."라고 비아냥거리는 사람도 많다. 당장 눈에 보이는 성과, ROI 측정은 불가능하겠지만 조직문화 활동은 지속성이 있어야 한다.

다양한 기업 사례를 살펴보자.

A. **권한 위임**(예: 팀장 없는 날)
B. **성장 기회 부여**(예: 다양한 프로젝트 참여, 외부교육 기회)
C. **인정과 칭찬**(예: 성과와 강점 세레모니, 스타트업 주식)
D. **의미와 가치 활동 찾기**(예: 사회공헌, 자연 살리기)
E. **즐거움**(예: 현대 모터 스튜디오('스마일 스튜디오' 캠페인))
F. **새로운 도전과 성취 경험**(예: 구글(20% 타임제), 3M(15% 룰))
G. **사내복지**(예: 마이다스아이티(포르쉐 1개월 렌트권), 현대자동차(다양한 신차 1개월 시승권))

약간의 사례별 설명을 하면서 의미를 알아보자.

A. 권한 위임(예: 팀장 없는 날)

〈출처〉『무엇이 성과를 이끄는가』 중에서

LG전자 팀장이 자발적으로 쉬는 '팀장 없는 날'은 전날 파트장에게 결재 권한을 위임하기 때문에 업무에 지장이 없고 마음 편히 휴가를 쓰는 직원도 많고 나와서 근무하는 직원들도 분주히 업무에 임하는 등 자율적으로 움직여 '가족의 날', '캐주얼데이' 등 조직을 좀 더 유연하게 만들려는 노력, 구성원들이 자율성을 갖고 업무에 임하도록 돕는 문화 등 구성원 주도의 움직임이 조직과 상사들의 마인드와 행동을 바꾸는 데 영향을 미치기도 한다.

대부분의 팀장들은 너무 바빠 이 날을 제대로 활용하지 못할 때가 많지만 구성원들의 워라밸을 위해 일부러 사용할 때도 가끔 있는데 그럴 때마다 주말에는 자녀들 위주로 스케줄을 짜 움직이다 보니 일부러 배우자와 함께 서울 근교의 근사한 카페에서 오붓하게 차 한 잔 마시며 가정의 미래와 자녀들 문제를 이야기 나누거나 때로는 업계에 도움이 될 만한 세미나에 참석해 팀장의 자기계발과 관점에 자신의 시간을 할애하고 다시 출근하는 날에는 그 시간에 얻은 에너지와 인사이트들로 업무를 이어나가는 데 도움이 된다는 내부 팀장들의 피드백들도 있다.

B. 성장 기회 부여(예: 다양한 프로젝트 참여, 외부교육 기회)

구찌는 '그림자위원회(Shadow Committee)'로 매출에 큰 효과를 보고 MZ세대 직원들의 존재감과 주도적으로 일하는 문화를 만들어나갔다. 그림자위원회는 클래식한 이미지와 상품이 주를 이루던 구찌의 주고객이 30대 젊은층으로 옮겨가면서 매출 증가와 액티브한 이미지를 담기 위한 움직임이었다.

「하버드 비즈니스 리뷰」에 따르면 2015년 구찌는 급변하는 패션 흐름을 따라잡기 위해 사내 밀레니얼 세대(1980~1990년대생)로 그림자위원회를 발족시켰다. 새내기 직원들이지만 핵심 경영 현안에 대해 조언하거나 대안을 내는 역할이 맡겨졌다. 이들은 특히 온라인 시장이 커지는 추세에 맞춰 회사가 발빠르게 디지털 전략을 마련하는 데 기여했고 그 덕분에 젊은층 고객도 늘었다. 그 결과, 구찌는 2018년 그림자위원회 발족 이전보다 매출이 136%나 증가했다. 반면, 같은 기간 라이벌 브랜드인 프라다는 매출이 11.5% 감소했다.

이런 움직임으로 2017년 12월 영국의 '비즈니스 오브 패션(Business of Fashion)'과 리스트(Lyst)가 공동 발표한 글로벌 패션 리포트에 따르면 한 해 동안 가장 많은 사랑을 받은 명품 브랜드는 바로 '구찌'였다고 한다. 검색 엔진에서 가장 많이 검색된 브랜드, 가장 많이 검색된 트렌드, 가장 많이 팔린 제품 등 대부분의 패션 카테고리에서 1위에 오른 것이다. 물론 이런 지표는 곧바로 매출로 이어졌다. 매 분기마다 폭풍 성장을 기록한 것은 물론 연매출이 8조 2,300억 원씩 증가하며 20년 만에 제2의 전성기를 맞았다.

업계 전문가들은 구찌가 왕좌에 다시 오른 성공 요인을 다음 다섯 가지로 꼽는다.

1. 혁신적인 크리에이티브 디렉터의 리더십

2015년 구찌는 알레산드로 미켈레를 크리에이티브 디렉터(Creative Director)로 발탁하며 브랜드 정체성을 완전히 새로 재정의했다. 기존 명품 이미지와 달리 화려하고 대담한 디자인, 빈티지(vintage) 미학, 자연미를 결합해 더 낭만적이고 트렌디하게 재해석해 MZ세대의 취향을 정확히 저격했다. 구찌 총매출의 약 60%가 35세 이하 소비자들로 이들은 브랜드 충성도가 낮고 일방적인 광고에 쉽게 현혹되지 않음에도 불구하고 구찌의 부활을 이끈 핵심계층으로 이런 결과는 미켈레의 뛰어난 창의력과 감각에서 비롯되었다.

2. 포용성과 다문화 전략

글로벌 시장에서 다양한 아티스트와의 협업, 다문화를 아우르는 캠페인, 세대를 초월한 마케팅을 전개했다. 고급스러움(exclusivity) 대신 포용력(inclusivity)을 강조하며 젊은 세대뿐만 아니라 다양한 문화권의 소비자들에게까지 브랜드 가치를 확장했다.

3. 디지털 친화력 200%: 인스타그램, 페이스북, 유튜브, 인플루언서 활용

명품업계 최초로 온라인 전용 상품을 출시하고 오프라인 매장을 과감히 정리하는 등 디지털 전환에 총력을 기울였다. 소셜미디어와 인플루언서 마케팅, AI·AR 등 첨단 기술을 적극 도입해 젊은 소비자와의 접점을 확대했다. 특히 온라인과 디지털 플랫폼을 통한 고객 경험 혁신이 브랜드 성장에 결정적인 역할을 했다.

4. '구찌 플레이스': 브랜드에 영감을 준 장소를 온라인에 직접 공개

구찌는 'DIY(Do It Yourself)' 서비스 등 맞춤형 제품 라인을 확대하고 #GucciDIY 등 고객이 직접 참여하는 캠페인을 통해 고객을 브랜드의 공동 창조자로 끌어들였다. 이는 브랜드 충성도와 차별화된 경험을 동시에 제공하며 소비자와의 유대감을 강화해주었다.

5. 그림자위원회: 35세 이하 직원만으로 구성

35세 이하 밀레니얼 세대 직원만으로 구성된 그림자위원회에서는 임원들이 젊은 직원들에게 무조건 지시하는 대신 자신들이 신입직원들의 의견을 듣는 자리였다. 구찌의 혁신적 변화를 만든 CEO 마르코 비자리$^{Marco\ Bizzarri}$는 임원 회의가 끝나면 같은 주제를 들고 곧바로 그림자위원회로 향했다고 한다.

그는 임원 회의 때와 전혀 다른 포인트의 의견을 들었고 여기서 나온 새로운 관점을 바탕으로 브랜드 내 중요한 결정을 내렸다고 한다. 업(業)의 의미와 가치, 공공상생, 환경을 중시하는 MZ세대 직원들의 의견을 반영해 2018년부터 구찌는 모피 사용을 전면 중단했고 가장 가까이서 만나는 젊은 세대의 의견을 적극 흡수하며 젊은 고객층의 가치관을 접하자마자 적용했으며 젊은 직원들은 임원들의 노하우와 유서 깊은 하우스의 전통을 흡수하며 역사적인 자사 브랜드의 색채와 존재감은 유지하면서 브랜드 성장에 기여했다.

여기서 중요한 것은 세상이 급변하고 불확실한 시간 속에 살고 있다는 이유로 우리가 추구하는 변화와 혁신의 방향이 기존 것을 모두 부정하고 새로운 것만 추구하는 것이 아니라 우리만의 고유한 색채와 존재감은 유지한다는 굵은 맥락을 바탕으로 하며 그림자위원회의 의견을 수용해 어떤 방식으로 변화하고 추가·삭제해 나갈지 고민했다는 것이 우리가 기억해야 할 포인트다.

이후 다른 기업과 공공기관들에서도 그림자위원회를 통한 성공 사례가 생겨나기 시작했다. 프랑스 호텔 체인 아코르(Accor)는 숙박 공유업체 에어비앤비(Airbnb)가 시장을 잠식하자 청년 직원들로 위원회를 꾸렸고 그들의 조언대로 호텔을 도심 속 젊은이들의 안식처로 변모시켜 매출을 끌어올렸다. 핀란드 제지업체 스토라엔소(Storaenso)는 인사와 관련해 파격적인 실험을 한 적이 있다.

일반적으로 회사에 중요한 미션이 생기면 그 분야의 최고 인재들로 팀을 꾸려 문제를 해결하기 마련인데 이 회사의 그림자위원회는 반대로 그 분야와 관련이 없고 그동안 별로 두드러지지 않았던 직원들에게 중요한 업무를 맡겼다. 그랬더니 기존 인재들이 선입견 때문에 시도도 못했을 창의적인 돌파구가 마련되었고 숨은 인재를 찾아내는 계기도 되었다고 한다.

2024년 3월 천안시 동남구청은 8급 이하, 30세 이하 MZ세대 직원들로 구성된 '2024 그림자위원회'(Shadow committee) 발대식을 열었다. 위촉된 위원 26명은 구청 주관 행사 및 현안과 관련해 신선한 관점을 교류하는 역멘토링(Reverse Mentoring)의 일환으로 활동하게 된다.

이 26명은 구청 주관으로 열리는 읍면동장 회의 때 주요 안건에 대한 아이디어를 제안하고 대표 축제인 '북면 벚꽃축제'와 '광덕 호두축제', 목천에서 개최되는 'K-컬처 박람회'를 체험·관람하고 발전 방안을 논의하게 된다.

이를 위해 동남구청은 세대 간 공감대 형성 및 유연한 조직문화 조성은 물론 구청의 주요 현안에 대한 새로운 관점을 교환해 이 MZ세대 위원이 미래 성장을 주도하는 성과 창출자로 도약하는 계기가 될 것으로 기대한다고 관계자들이 전했다.

2024년 젊은 구성원들의 이야기와 관점에 귀 기울이려고 노력했고 이것에서 유의미한 것을 찾아내려는 노력과 움직임이 꾸준히 이어지고 있고 시대가 변해도 센스있고 반짝반짝 빛나는 아이디어가 조직이나 기존 구성원들의 역사성과 맞물려 간다면 가장 빛나는 조직이 될 것이고 그 구성원들은 일의 의미를 가슴 속에 간직한 채 주도적으로 업무에 임할 수 있을 것이다.

삼성전자는 '밀레니얼 커미티', LG전자는 '섀도 커미티', 'JUNIOR BOARD', 포스코는 '포인터 리버스 멘토링' 등의 용어로 활용 중이다.

천안 동남구청 그림자위원회 발대식

젊은 세대의 사고방식이 무조건 다 옳고 접목해야 한다는 것은 아니지만 앞에서도 언급했듯이 리더가 자신의 모든 것이 옳다고 여기는 순간 그 안에 갇혀 상자 밖으로 나와 생각할 줄 모르는 휴브리스(Hubris) 현상이 발생할 수 있다.

휴브리스는 고대 그리스에서 쓰던 말로 역사학자 아놀드 토인비는 '역사를 바꾸는 데 성공한 창조적 소수가 그 성공으로 인해 교만해져 남의 말에 귀를 막고 독단적으로 행동하다가 판단력을 잃는 것'을 휴브리스라고 불렀다. 구성원들의 참여와 조직에 대한 고민과 생각, 거기서 나온 결과물들이 그들의 힘으로 실천되어 조직을 변화시키는 힘이 되고 그것이 조직문화 형성에 중요한 역할을 한다.

C. 인정과 칭찬(예: 성과와 강점 세레모니, 스타트업 주식)

기업들마다 성과 공유회는 다양한 형태로 진행된다. 신제품 출시, 협력사와의 개발 성과, R&D 조직의 연구개발 성과, 평생교육현장, 창업현장 등 다채로운 현업에서 자신들의 지난 1년을 되돌아보고(때로는 분기별, 상반기, 하반기 등) 성과와 자신들의 조직이 나아갈 방향과 보완점을 스스로 느끼게 하고 각자의 강점을 부각시켜 자신들의 존재감을 탄탄히 다지는 시간을 갖는다.

또한, 판교를 비롯한 스타트업 캠퍼스 등 혁신적인 아이디어를 가지고 성장하는 스타트업들은 구성원들에게 동기부여 차원에서 스톡옵션을 제공하기도 한다. 기존 스톡옵션과 달리 임직원에게 확정이익을 제공해 동기부여를 강화하는 수단으로 널리 사용되는 성과 조건부 주식(Restricted Stock Units, RSU)은 특정 성과를 달성하거나 일정 기간 근무한 후 주식을 무상으로 지급받는 제도다.

2024년 7월 10일자로 시행된 벤처기업법 개정 법률에서는 '성과 조건부 주식'이라는 한국형 RSU를 구체적으로 규정해 제도화시킨 만큼 한국에서도 RSU가 더 활성화될 것으로 기대된다. 상장기업인지, 비상장기업인지, 합병

될 때는 어떻게 되고 퇴사할 때는 어떻게 관리되어야 하는지 등 제도적으로 알아야 할 여러 기준이 많지만 이 부분은 구성원들의 큰 인정을 받는 시스템 중 하나인 것은 분명하다.

D. 의미와 가치 활동 찾기(예: 사회공헌, 자연 살리기)

기업과 공공기관마다 진행하고 있는 너무나 다양한 사례들을 통해 이 부분은 주변에서 쉽게 찾아볼 수 있다.

E. 즐거움(예: 현대 모터 스튜디오('스마일 스튜디오' 캠페인))

2024년 현대자동차는 현대 모터 스튜디오 '스마일 스튜디오' 캠페인을 진행했다. 구성원들이 팀별로 함께 포토 스튜디오 앞에 서면 미션이 뜨는데 화면에 있는 것과 똑같은 동작을 팀원들이 모두 싱크로율 높게 연출하면서 얼굴에 밝은 함박웃음을 띠면 높은 점수를 얻을 수 있다. 이렇게 얻은 점수는 좋은 곳에 기부할 수 있는 포인트로 적립된다.

회사 로비에서 다트판을 돌려 당첨되면 선물을 주고 그랜드 피아노를 갖다 놓고 클래식 음악을 연주하면 조직문화가 좋아지냐고 우리는 말하지만 조직 내 이런 작은 움직임들은 구성원들에게 즐거움을 선사하는 1차적 의미가 있고 나아가 우리 회사는 이런 것까지도 신경쓰는 회사라는, 조직에 대한 자긍심(pride)도 함께 높여준다. 출근해 퇴근할 때까지 사실 많은 구성원들과 웃음을 나눌 시간이 얼마나 되겠는가? 조직문화를 고민하고 즐겁게 일하는 환경을 만들기 위한 담당팀의 아이디어와 노력이 의미있는 추억으로 남아 시간이 지나도 그 이벤트가 영원히 잊지 못할 즐거움이었다고 말할 수 있다면 그것만으로도 큰 의미가 있을 것이다.

이 책을 쓰기 위해 여러 기업에 있는 선후배들을 만나 초점집단면접을 할 때 그들의 말과 표정을 보면서 진심을 알 수 있었다. 얼마나 재미 있길래 기억에서 잊혀지지 않는지, 그래서 팀 사람들과 아직도 그 이야기를 할 때마다 웃음의 대화 소재가 되고 있다는 그 말들 속에서 느낄 수 있었다. 하루아침에 이루어지지 않는 조직문화는 이렇게 작은 조직행동들이 눈처럼 소복이 쌓여 우리만의 색을 만들고 빛을 낼 수 있는 것이다.

현대 모터 스튜디오 '스마일 스튜디오' 캠페인

F. 새로운 도전과 성취 경험(예: 구글(20% 타임제), 3M(15% 룰))

스탠포드대 명예교수 제임스 마치^{James March}는 기업 혁신을 위해 Exploration(탐험)과 Exploitation(활용)을 균형있게 적용해야 한다고 주장한다. 그중 활용은 품질과 프로세스 개선 등과 관련된 것으로 빠르고 효율적으로 일을 처리해 예상 가능한 수준의 결과를 만들어내는 것이다. 탐험은 새로운 가능성에 대한 탐구로 새로운 아이디어를 찾아내는 과정이다. 변화, 위험감수, 발견 등을 동반해야 하며 상황에 따라 다르겠지만 탐험과 활용의 비율은 20:80 정도가 적당하다고 한다.

1920년에 시작된 3M에는 15% 룰 제도가 있다. 자기 업무시간의 15%를 창의적인 아이디어 고민, 신상품·신기술 연구에 사용할 수 있도록 제도화한 것이다. 아무리 생각해봐도 1920년에 이런 생각을 했다는 것이 놀라울 뿐이다. 채택된 아이디어는 제품화되어 5년 안에 매출의 40%를 올려야 한다는 룰이다. 이것도 탐험을 통해 개발된 제품을 지속적인 활용을 통해 매출을 증가시킨다는 전략이다.

구글의 '20% 타임제'도 3M과 비슷한 제도다. 구글의 20% 타임제의 핵심은 개인이 업무시간의 20%를 탐험으로 활용해 내놓은 아이디어가 구글의 정식 상품으로 서비스되는 것이다. 구글 관련 아이템이라면 뭐든지 상관없다. 직원들의 업무시간이 100이라면 그중 20은 자신이 좋아하는 업무를 할 수 있도록 유도하는 제도다. 이는 구글의 혁신적인 인력관리의 표본으로 여겨지며 미국 실리콘밸리 기업들을 대표하는 상징으로 굳어졌다. 구글의 지메일도 20% 타임제를 통해 개발되었다는 것이 정설이다. 자신의 아이디어를 정기 미팅에서 발표하고 게시판을 통해 동참할 동료를 모집하면 된다. 동료들의 인정을 받으면 회사는 필요한 인력과 장비를 지원해준다니 창조 경영을 꿈꾸는 기업은 시도해볼 만한 제도다.

하지만 『비즈니스 인사이더』는 구글에서 야후 CEO로 이동한 마리사 마이어의 발언을 인용해 20% 타임제는 실질적으로 존재하지 않으며 20%의 시간을 자유롭게 쓰는 것이 아니라 120% 일하는 셈이라고 말했다고 전했다. 당시 그녀는 멋진 아이디어를 발표하는 팀에게 25만 달러의 보너스를 제공한다는 취지의 CEO 챌린지를 발표하며 직원들에게 정규 업무시간에 CEO 챌린지를 하지 말라고 했다는 것을 야후로 옮긴 후 이야기했다는 후문이 있다.

이 이야기를 바탕으로 생각해보면 우리가 벤치마킹해 도입한다면 근무시간 중에 이런 혁신적인 아이디어와 미래에 우리 기업들이 먹고 살아갈 방향에 대해 재미있는 챌린지를 할 수 있게 해야 하고 이렇게 해 나온 아이디어를 채택한 팀과 당사자에게 어떤 혜택을 주는지가 명확해야 하고 성과관리의 몇 퍼센트가 도입되든 가산점으로 움직이게 하는 매력적인 뭔가가 있어야 할 것이다. 그렇지 않으면 허울만 좋은 대외용 홍보제도로 전락하기 쉽다.

G. 사내복지(예: 마이다스아이티(포르쉐 1개월 렌트권), **현대자동차**(다양한 신차 1개월 시승권))

상상을 현실로 만드는 소프트웨어 개발을 하는 마이다스아이티는 회사와 함께 올바른 길을 걷는 사람, 자신의 자리에서 책임을 다하고 성과를 내는 멋진 용기와 성과를 보여주는 사람들을 위해 매달 우수인재 시상식을 열고 포상으로 포르쉐 1개월 렌트권을 준다. 자신의 일을 진심으로 사랑한 결과, 신나는 경험이 생긴다면 만족스러운 복지일 것이다.

현대자동차는 자사와 경쟁사 차량까지 포함해 4~5개 브랜드의 차종을 사내에서 미리 신청하면 시승할 기회를 주는 복지제도가 있다. 어떤 직원에게는 차량 연구개발에 도움이 될 것이고 경쟁이 치열한 주말 기간에 당첨된 직원은 가족이나 사랑하는 사람들을 차에 태우고 즐거운 추억을 쌓는 데 사용할 수 있어 만족도가 꽤 높다고 한다.

필자는 초등학교 시절 대기업에 다니시던 아버지 덕분에 여름방학 때 삼성 라이온즈 야구단과 함께하는, 임직원 자녀들만 참석할 수 있는 캠프에 다녀온 적이 있다. 남이섬에서 했는데 실제로 당시 선수들이 싸인한 엽서를 받았고 거기서 만난 언니오빠, 친구들과 엄청나게 재미있게 놀았던 기억이 난다.

사실 머릿속 기억보다 남아있는 사진을 통해 기억이 선명하게 나는 것 같다. 어린 시절 "우리 아빠 회사에는 이런 캠프도 있어. 아주 재미있었어."라며 친구들에게 자랑했던 기억도 나고 그때 만난 사람들과 연락하며 지내진 않지만 아빠가 더 자랑스러워 보였다. 마찬가지로 다양한 차종 시승 경험과 그날의 추억은 가족이 함께 느낄 수 있는 회사에 대한 프라이드를 높이는 계기가 된다.

2. 심리적 안전감은 조직문화를 바꾸는 답인가?

(1) 왜 모두 심리적 안전감에 열광하는가?

심리적 안전감(Psychological Safety)은 팀원이 업무와 관련해 그 어떤 의견을 제기해도 벌을 받거나 보복 당하지 않을 거라고 믿는 조직환경을 말한다. 앞에서 우리는 심리적 안전감이 무엇인지 알아보았고 무엇이 일을 잘하는 팀을 만드는지에 대한 연구에서 4위에 오른 '일의 의미'에 대해서도 이야기했다.

사람은 누구나 '나'라는 존재가 세상에서 의미있고 가치있게 쓰이길 바라며 나의 존재가 조직의 발전에 기여할 수 있다면 그것에 대해 멀리갈 수 있는 내적 동기부여가 장착되어 힘든 상황이 오더라도 심기일전해 앞으로 나아갈 수 있는 것이다(동종업계와 비교해 크게 뒤지지 않는 연봉이나 복지 제공을 전제로 생각함).

(2) 심리적 안전감을 잘 활용하는 조직은 무엇이 다른가?

X세대인 저자가 입사하던 2000년에도 나는 내가 어떻게 일하는지, 내가 잘한 것은 무엇인지, 수정·보완해야 할 것이 무엇인지도 모른 채 매주 월요일마다 긴 테이블에 팀원들이 다같이 앉아 애매모호하게 누구에게 하는 피드

백인지도 모른 채 회의하는 것이 싫었다. 더 구체적이고 명확하고 내게 맞는 피드백이면 내가 더 빨리 성장할 수 있을 것 같았다. 그런데 Z세대 직원들은 이런 목마름이 더더욱 강하다는 것이다. "교정하고 수정해야 하는 것도 매너 있게 명확히 알려주시면 나는 그게 더 좋다."라는 것인데 그렇지 못해 업무 효율성이 떨어지는 경우를 주변에서 많이 볼 수 있다. 맞춤형 피드백, 한 명 한 명과의 소중한 대화, 눈맞춤, 잦은 스몰토크와 면담 등은 심리적 안전감을 만드는 데 중요한 역할을 한다.

문화인류학자 에드워드 홀   <출처> 네이버

얼마 전 모 기업의 익명 게시판에 "친하지 않은 부서 사람에게 인사를 해야 하나요, 안 해도 되나요?"라는 글이 올라와 투표에 붙여졌다고 한다. 이 질문을 접한 필자는 큰 충격을 받았다. 엘리베이터를 탈 때 문이 열리면 모르는 사람들이 있더라도 살짝 목례하면서 타고 청소 담당자님, 1층 데스크 직원, 경비 안전요원 등 한 건물에 있는 사람들과 목례 정도는 하면서 지냈던 내게 우리 팀이 아니어서, 부서 내에서 덜 친하다는 이유로 인사를 안 해도 되지 않느냐고 질문하는 것을 최근의 다양성으로 받아들여야 할지 고개를 갸우뚱한 채 한참 동안 있었다. 이 질문의 답은 회사들마다 다른 조직문화와 그곳의 구성원들에게 달려 있을 거라고 생각하면서 열린 질문으로 남겨 두겠다.

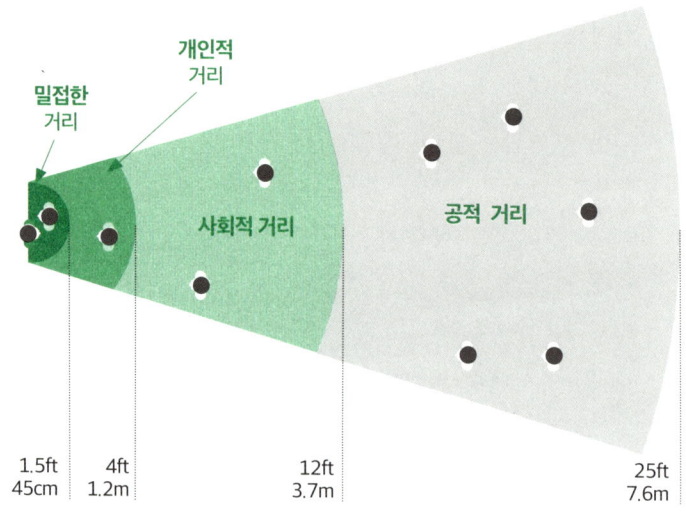

<그림 3-2> 에드워드 홀 박사의 네 가지 거리의 법칙

미국의 문화인류학자 에드워드 홀^{Edward T. Hall}은 자신의 저서 『숨겨진 차원』에서 거리에 대한 이야기를 다음과 같이 한다.

밀접한 거리: 45cm까지(부모, 자식, 연인)

개인적 거리: 45~120cm(친구, 지인)

사회적 거리: 120~360cm(공식 석상)

공적 거리: 360cm 이상(무대 위 공연자와 관객 간)

주로 회사에서 만나는 우리는 일반적인 회의, 미팅 등의 자리에서는 사회적 거리를 사용할 것이고 원온원 미팅, 성과평가 면담 등 밀착해 1:1로 대화를 좀 더 심도 있게 나눌 때는 개인적 거리를 사용할 것이다. 하지만 사람들마다 불편감을 덜 느끼는 거리 기준이 다를 수 있어 어느 정도가 적합하다고 결론내리기는 어렵지만 대부분 전 세계 사람들은 자신의 개인 영역이 침범당하지 않은 상태에서 공적 이야기를 신뢰감 있게 하고 있다고 느끼는 거리를 사회적 거리라고 한다.

우리는 그렇게 출퇴근하면서 인사하고 구성원 개개인에게 관심을 쏟고 성장과 성과를 낼 수 있도록 하고 있는가? 구내식당 입구에서 배식해주시는 선생님들을 접하는 곳과 출근길 엘리베이터를 타는 곳에 일부러 인사문화 존(Greeting Zone)을 만들고 미팅하는 곳 입구 바닥에 미소 존(Smile Zone)을 붙여 그 지역을 발로 밟을 때만이라도 그런 의식을 하고 구성원들 모두 그렇게 행동하도록 이끄는 것은 공간 이론에서 우리가 생각해볼 부분이다. 실제 사람은 눈에 보이면 그곳에서 꼭 그렇게 행동하게 되고 시간이 흘러 그것이 반복되면 문화로 자리잡는다.

하드웨어적 거리만 생각하는 것이 아니라 우리는 조직 구성원들과 심리적 거리를 얼마나 좁히며 연대의식을 가지고 일하고 있는지, 리더는 구성원 한 명 한 명과 맞춤형 대화를 통해 심리적 거리를 좁히고 적어도 우리 리더만큼 내가 무슨 일을 하는지, 어떤 커리어 성장을 원하는지, 요즘 최대 고민은 무엇인지, 팀장으로서 무엇을 지원하고 지지하면 좋을지 등을 알고 있다고 생각하면 조직에 몸담은 의미가 확연히 클 것이다.

심리적 안전감이 높은 조직을 보면 아침인사나 업무 중간에 협업이나 회의하기 위해 만나면 반갑게 인사 나누고 짧게라도 안부를 묻거나 스몰토크를 나누며 작은 친분을 쌓아나간다. 당연히 개인적 영역을 크게 침범하지 않는 범위 내에서 질문한다.

구성원들과 대화할 때 PC 모니터를 보면서 눈 한 번 마주치지 않고 피드백하거나 대화하지는 않는가? 눈을 자주 바라보며 대화하면 서로의 업무 이해도를 확인할 수 있고 말의 맥락을 이해할 확률을 높여준다. 길게 말하지 않고 명확하고 임팩트 있는 대화를 추구하며 짧은 시간 안에 활발한 대화를 나누는가? 팀이나 셀, TF 등 모두와 대화하며 깊이 골고루 어울리는 분위기인가? 회의할 때 이견(異見)이 있더라도 다른 사람의 말을 중간에 끊지 않고 끝까지 들은 후 매너있는 태도로 회의를 하는가? 다양한 질문이 오가며 건설적인 대화를 쌓아나가는가? 다른 구성원들의 말을 집중해 경청하는 태도를 갖고 있는가?

의견 충돌이 있더라도 적절히 유머코드를 사용해 회의 중에도 화기애애하게 서로 이해하려고 노력하며 일하고 있는가? 서로 작은 도움에도 감사하다는 표현을 자주 하거나 마주칠 때마다 상황에 맞게 인사를 잘 나누는가? 엘리베이터에 탈 때 버튼을 대신 눌러주거나 문을 열고 나갈 때 문을 잡아주는 등 작고 소소하지만 배려 넘치는 행동을 보여 서로 신뢰를 만들어가고 있는가?

이런 작은 행동들을 모두 잘하고 있을 거라고 생각하지만 의외로 그렇지 않은 것들이다. 1%의 차이가 명품을 만들고 격이 다른 조직의 성숙함으로 이끌어간다. 이 부분에서는 우리 각자 자신의 모습을 되돌아보면서 내가 그렇게 일하며 신뢰감을 만들어가는 구성원인지, 나는 팀 리더로서 이렇게 행동하려고 노력하고 있는지 자신의 모습을 거울에 비춰보자.

(3) 모든 조직에서 심리적 안전감은 통할까?

실제로 다양한 연구에서 심리적 안전감이 높은 조직들은 직원들의 의견 제시, 주도성, 혁신, 학습 등에 긍정적 영향을 미친다는 것이 입증되었다. 그런데 긍정적 영향을 미치지 않는 경우는 없는지도 살펴봐야 할 것이다. 기업들마다 각자의 업종, 처한 경영환경, 구성원이 모두 다르니까 말이다.

피터 카펠리(Peter Cappelli)와 연구자들은 심리적 안전감이 과연 긍정적 영향만 미칠지, 정교하게 표준화된 업무를 수행할 때는 오히려 높은 심리적 안전감이 생산성을 낮추지는 않을지, 심리적 안전감과 일상적인 업무 수행의 관계가 선형적이지 않을 거라고 가정하고 연구했다. 결과는 심리적 안전감이 높을수록 업무 수행이 더 좋아지는 것이 아니라 어느 수준까지는 업무 수행에 긍정적 영향을 미치지만 일정 수준을 넘으면 오히려 부정적 영향을 미칠 수 있다는 것이었다.

연구자들은 가설을 검증하기 위해 통신·기술·재무 관련 기업에서 근무하는 다양한 지식노동자들을 대상으로 조사를 실시했다. 시점 1에서는 직원들을 대상으로 심리적 안전감을 측정했고 그로부터 3개월이 지난 시점 2에서는 그들의 상사로부터 직원 평가를 요청했다. 직원 평가의 내용은 맡은 업무를 잘 수행하는지 묻는 것으로 "이 직원은 직무기술서에 명시된 책임을 다한다."라는 문구로 구성되었다.

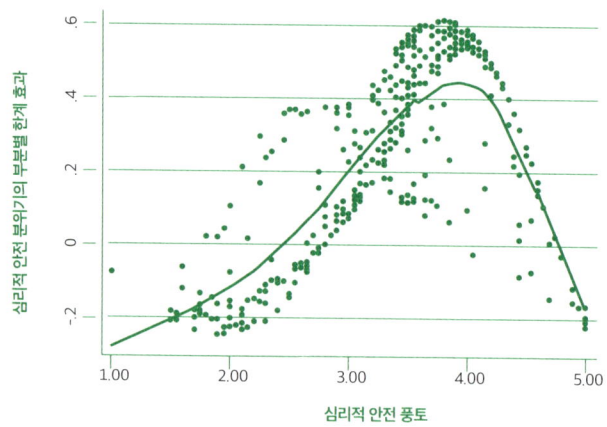

<출처> Eldor, L., Hodor, M., & Cappelli, P. (2023). The limits of psychological safety: Nonlinear relationships with performance. Organizational Behavior and Human Decision Processes.

<그림 3-3> 심리적 안전 풍토가 역할 수행에 미치는 한계 효과

연구 데이터를 분석하자 심리적 안전감이 업무 수행에 미치는 한계효과가 명확히 드러났다. 심리적 안전 풍토는 4수준(80 백분위수)까지는 이것이 높아질수록 업무 수행도가 높았지만 이 수준을 넘으면 긍정적 영향이 급감해 4.75수준(97.5 백분위수)부터는 부정적 영향으로 바뀌는 것을 확인할 수 있었다.

우리가 혼동하지 말아야 할 것은 심리적 안전감이 직원들의 혁신적인 행동에 미치는 영향을 확인한 것이 아니라 일상적인 업무 수행에 미치는 영향을 검증했다는 것이다. 즉, 심리적 안전감이 혁신·학습에 미치는 영향을 부정하는 것이 아니라 일상적인 업무활동에 미치는 한계효과를 밝혔다는 것이 이 연구의 결과다.

판교에 생긴 지 얼마 안 된 스타트업이 있다고 가정하자. 이런 기업은 전 직원들이 새로운 아이디어를 실험하고 혁신하는 것이 중요하지만 성숙기에 접어들면 스타트업이라기보다 기업이라고 부르는 것이 맞을 텐데 이때는 표준화된 프로세스를 따르는 것이 성과에 더 중요할 수 있다. 마찬가지로 한 조직 안에서도 요구되는 혁신 수준은 부서마다 다를 수 있다.

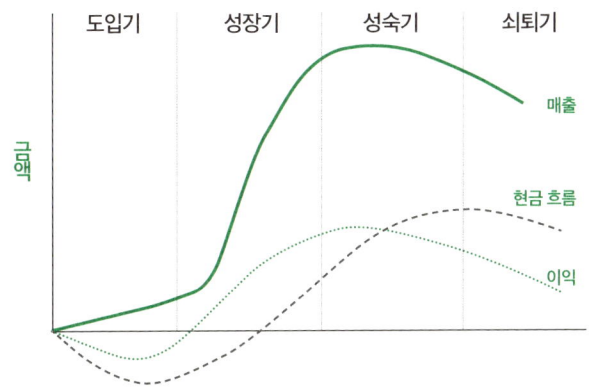

<그림 3-4> 기업의 수명주기(도입기, 성장기, 성숙기, 쇠퇴기), <출처> 네이버

그렇다면 조직성장 단계별로 심리적 안전감 수준을 다르게 조성해야 하는 걸까? 부서마다 맞춤형으로 각기 다른 수준의 심리적 안전감을 구축해야 하는 걸까? 생각만 해도 벌써부터 만만치 않은 작업임을 직감할 수 있다.

그래서 연구자들은 집단적 책임감이 심리적 안전감의 부정적 영향을 완화할 수 있다고 가정했다. 선행연구에서 책임감 높은 구성원은 자신의 행동이 초래할 수 있는 잠재적 결과를 더 신중히 평가하고 이로 인해 더 정확한 결정을 내리고 더 적절히 행동하는 것으로 나타났기 때문이다. 따라서 집단적 책임감이 높다면 직무·성과에 대한 책임의식을 높여 조직의 목표와 목적에 집중하도록 만들기 때문에 심리적 안전감이 높을 때 발생하는 부정적 효과가 완화될 것으로 본 것이다.

이 가정을 검증하기 위해 바이오 의료 스타트업 직원들을 대상으로 조사를 실시했다. 앞에서 진행한 조사와 같이 시기 1에서는 심리적 안전감과 집단적 책임감을 측정하고 시기 2(시기 1로부터 3개월이 지난 시점)에서는 그들의 상사로부터 직원 평가를 요청했다.

집단적 책임감은 업무 수행에 대한 책임의식을 묻는 질문들로 "우리는 직장에서의 행동에 큰 책임이 있다.", "직장의 많은 사람들의 일자리가 우리의 성공이나 실패에 달려 있다.", "큰 틀에서 보면 직장에서 우리의 노력은 매우 중요하다." 등이 포함되어 있다.

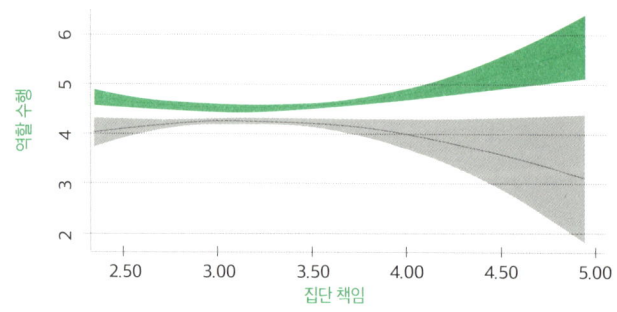

<출처> Eldor, L., hodor, M., & Cappeili, P. (2023). The limits of psychological safety: Nonlinear relationships with performance. Organizational Behavior and Human Decision Processes.

<그림 3-5> 집단적 책임감이 심리적 안전 풍토와 역할 수행의 관계에 미치는 조절 효과

응답 데이터를 분석한 결과, 집단적 책임감은 심리적 안전감의 부정적 영향을 완화하는 것으로 나타났다. 집단적 책임감이 낮은 경우, 심리적 안전감이 업무 수행에 미치는 한계효과가 나타났다. 즉, 심리적 안전 풍토 수준이 3.34를 초과하면 업무 수행에 오히려 부정적 영향을 미쳤다는 것이다.

반면, 집단적 책임감이 높은 경우, 심리적 안전감의 한계효과가 나타나지 않았다. 연구자들은 더 신뢰할 수 있는 결과 해석을 위해 똑같은 방식으로 하이테크 IT, 소매업 환경을 대상으로 추가 조사를 실시했는데 앞의 연구들과 일치된 결과를 확인했다.

(4) 실패를 성공적인 조직문화로 만드는 움직임

제조업 기반의 대기업 A 기업과 B 기업이 있다.

A 기업: 매일 작은 문제들이 발생하고 현장에 가면 실수와 잘못에 대한 이야기가 많고 그런 실수와 잘못은 개선으로 이어진다.
B 기업: 실수와 잘못에 대한 이야기가 없다. 모든 공정은 이상 무. 모두 잘 돌아가고 현장 직원들은 묵묵히 자신의 업무에 열중한다.

질문: 만약 여러분이 두 기업을 평가하는 심사위원이라면 성장 가능성과 가치가 더 높은 기업으로 A 기업과 B 기업 중 어느 회사를 선택하겠는가?

언뜻 보면 공정도 문제없고 모두 잘 돌아가고 전 직원이 자신의 업무에 몰입해 일하는 회사가 좋은 회사처럼 보일 수 있다. 하지만 A 기업과 B 기업을 평가한 심사위원들은 성장 가능성과 가치가 더 높은 기업으로 실수와 잘못이 없는 B 기업이 아니라 매일 작은 문제들이 일어나는 A 기업을 선정했다. 이유가 뭘까?

심사위원 3명은 회사의 조직문화에 그 원인이 있다고 주장한다. A 기업은 정문부터 맞아주는 보안요원, 로비에서부터 만나는 직원들의 친절함, 화장실과 회의실의 지나친 청결함에 놀랐다고 한다.

이 회사는 자신들의 실수나 잘못을 숨기지 않고 하나부터 열까지 공유하며 개인의 잘못을 인정하고 책임지고 공정이나 기계의 결함 원인을 함께 찾아 개선한다고 한다. 개인이 자주 저지르는 실수의 원인을 찾아내 다른 담당자의 실수를 막고 사소한 실수와 잘못이 대형사고로 이어지는 것을 예방한다고 한다.

심사위원 3명 모두 A 기업을 극찬했다. 이 회사의 임직원들은 자신의 언행 때문에 피해를 본다는 생각이 없다. 그들은 자신의 실수와 잘못을 숨기지 않고 떳떳이 말한다. A 회사는 '심리적 안전감이 매우 높은 조직문화'를 가지고 있다.

위에서 언급한 것처럼 심리적 안전감의 부정적 영향을 완화하는 것 중 하나는 집단적 책임감이다. 자신의 역할과 업무에 대한 책임의식을 높임으로써 조직의 기대에 부응하는 행동을 선택해 실행하게 하는 것을 말한다. 집단적 책임감이 잘 발휘되려면 '결과에 대한 책임'을 뒤늦게 묻는 것이 아니라 기대 역할과 성과 기준을 명확히 전달하고 그것을 실행할 권한을 위임해 책임감을 고취시키는 것이 중요한 포인트다. 단순히 책임 추궁에 의해 집단적 책임감이 조성되는 것이 아니라는 것을 기억해야 한다.

이번 연구 결과를 "심리적 안전감은 조직 성과에 미치는 영향이 없다."라거나 "심리적 안전감이 중요하지 않은 직무나 조직도 있다."라는 식의 오류에 빠지지 않아야 하며 심리적 안전감이 조직의 성과에 미치는 긍정적 영향을 유지하기 위해서는 구성원에게 행동 기준으로 기능할 수 있는 조직의 목적, 직무 책임, 성과 기준 등 개인과 팀에게 기대되는 역할과 결과를 명확히 제시하고 자신의 일에 주인의식과 책임감을 가질 수 있도록 권한위임 등이 적절히 이루어져야 한다는 것을 알아야 한다.

구글 리워크에서 언급한 '훌륭한 관리자의 여덟 가지 공통적인 행동'은 다음과 같다.

1. 코치로 활동한다.
2. 팀에 권한을 위임하고 미시적 관리(micromanage)를 하지 않는다.
3. 팀원들의 성공과 '웰빙'에 대한 관심과 우려를 표명한다.
4. 생산적이고 결과지향적이다.
5. 소통을 잘한다.
6. 경력개발을 돕는다.
7. 팀의 비전과 전략을 명확히 제시한다.
8. 팀원들에게 조언해줄 만한 중요한 기술적 스킬을 가지고 있다(전문성).

〈출처〉 구글 Rework, '관리자 리더십' 중에서

3부 리더십과 조직문화

이 중에서 심리적 안전감이 필요한 항목은 절반을 넘는다. 1, 2, 3, 5, 6이 모두 필요한 항목이다. 물론 이 외에도 다른 번호에 그렇게 포함된다고 보는 사람도 있겠지만 필자는 8개 중 5개 항목이라고 본다. 상당히 많은 부분에서 조직의 성과를 내기 위한 기본 중에서 심리적 안전감이 기본이 되어야 탄력을 더 받을 수 있다는 뜻이다.

1931년 미국 보험사의 관리감독자였던 허버트 윌리엄 하인리히[Herbert William Heinrich]가 자신의 저서 『산업재해예방』에서 제시한 것으로 오늘날 산업재해 예방에서 가장 권위 있는 이론으로 받아들이는 '하인리히 법칙'이 있다. 그는 수천 건의 보험 고객상담을 통한 자료분석 결과를 소개하면서 "사고는 예측하지 못한 순간에 갑자기 오는 것이 아니라 그 전에 여러 번 경고성 징후를 보낸다."라고 주장하며 이를 '1:29:300 법칙'으로 정립했다.

이에 따르면 통계상 심각한 안전사고 1건이 일어나려면 그 전에 동일한 원인으로 경미한 사고가 29건, 위험에 노출되는 경험이 300건가량 이미 존재한다는 것이다. 그러므로 그런 징후들을 제대로 파악해 철저히 대비책을 세우면 대형사고를 막을 수 있다는 논리다. 이러한 하인리히의 주장은 2000년에 개봉된 영화 〈데스티네이션〉을 통해 일반인들에게도 널리 알려졌다.

한편, '하인리히 법칙'은 최근에는 산업재해뿐만 아니라 그 적용 분야가 확대되어 개인은 물론 사회적 실패나 사고의 원인을 분석하는 등 사회·경제 전반적인 현상을 분석·설명하는 데도 널리 활용되고 있다.

혹시 '실패 파티'(Failure Party)라는 말을 들어본 적 있는가? '하인리히 법칙' 이야기를 하다가 갑자기 왜 실패 파티냐고? 어떤 연관이 있는지 한번 살펴보자. 직원들이 실패했을 때 실패 파티를 열어주는 회사가 있다. '클래시 오브 클랜'이라는 게임이 있다. 모바일 게임 중에서도 핫하다는 이 게임을 만든 회사는 바로 핀란드 게임회사 '슈퍼셀'인데 클래시 오브 클랜, 클래시 오브 로얄, 헤이데이, 붐비치로 유명하고 지난 10년 동안 모바일 게임 매출 톱10에 슈퍼셀의 게임이 2개나 랭크될 정도로 큰 인기를 끌었다. 2018년 슈퍼셀의 매출은 2조 3,000억 원, 2021년은 2조 7,000억 원을 기록했으며 CEO인 일카 파나넨은 2019년 핀란드에서 세금을 가장 많이 낸 기업인으로 이름을 올렸다. 이렇게 대단한 기록을 가진 이 회사의 성공 비결은 무엇일까?

슈퍼셀에서는 게임 관련 아이디어를 낸 직원들 중에서 채택되지 못한 직원에게 파티를 열어준다고 한다. 이는 단순히 '다시 파이팅하자'라는 의미가 아니라 '실패'를 축하한다는 의미로 해석해야 맞다. 즉, 회사는 실패를 장려하는 것이다. 개인이 아닌 회사 차원에서 실패를 마주해도 슈퍼셀은 실패 파티를 연다. 게임 출시에 성공한 팀에게는 '맥주 파티', 애써 개발한 게임을 출시하지 않기로 결정한 팀에게는 값비싼 '샴페인 파티'를 열어준다. 2년 동안 10개 테스트 버전을 개발했지만 9개는 개발 단계에서 모두 출시하지 않기로 결정된다고 한다. 그럼에도 불구하고 '실패 파티'를 열어준다. 회사의 조직 문화 자체가 CEO를 비롯한 전 직원이 실패를 두려워하지 않는 것이다. 누구나 도전 과정에서 실패와 시행착오를 경험하게 된다. 실패의 철학을 소중히 여기는 이 문화는 '실패'라는 과정을 만났을 때 누군가는 오뚝이처럼 다시 일어서고 누군가는 포기하고 누군가는 그 속에서 경험치를 발견하고 누군가는 그것을 밟고 한 단계 레벨업한다. 실패가 두려워 시작조차 못하는 경우도 있다. 도전해보고 싶지만 나이 때문에, 지금 상황에서 뭐 굳이, 후발주자인데 해서 뭐해, 이 예산으로는 불가능하다는 등 선뜻 도전하지 못하는 경우가 많다. 슈퍼셀의 실패 축하 문화처럼 구성원이 실패했더라도 실패가 아니라 그 진흙탕에 빠져 발을 못 뺄 수도 있었던 것을 회사가 미리 그 길로 가지 않게 해주었다는 프라이드를 갖게 해주는 문화는 매우 중요하다. 이것이야말로 문제를 미리 예측하고 대비해 더 빠른 지름길이라는 대안을 마련해주는 것이다.

> "실패를 축하하는 게 아니라 실패에서 뭔가를 배운 것을 축하한다는 의미에요. 실패를 두려워하지 않는 조직문화가 혁신의 열쇠라고 생각해요. 혁신은 세상에 없던 것을 만들어내는 것이고 세상에 없는 것을 만드는 데 실패는 필수죠."
>
> - 슈퍼셀 창업자, 알카 파나넨

클래시 오브 클랜

알카 파나넨

〈출처〉 네이버

　　3M과 슈퍼셀에서는 실패한 사람에게 파티를 열어주고 구글은 실패한 프로젝트에 참여한 구성원에게 보너스를 주고 혼다는 정기적으로 실패왕을 선발

한다. 핀란드에서는 매년 10월 13일 교수, 학생, 벤처사업가 등이 모여 '실패의 날' 행사를 열기도 한다. 전 세계적으로 실패에 대한 인식 변화는 긍정적인 동시에 필연적이다.

〈출처〉 네이버

기업 환경이 변동성(volatility), 불확실성(uncertainty), 복잡성(complexity), 모호성(ambiguity)이 증대되는 방향으로 변해 변화의 속도와 방향을 가늠하기 어려워졌고 과거에는 명확히 구분된다고 여겼던 업종 간 경계가 흐려지고 뒤섞이고 있다. 이제 어디서 새로운 부가가치가 창출될 것인지 판단하기 어렵고 자사의 경쟁업체가 어디인지 파악조차 쉽지 않다. 그래서 어떤 제품을 어떤 경쟁업체보다 더 빨리 더 좋게 만들어야 하는 것인지에 대한 목표 설정 자체가 어려워졌다. 빠르게 자주 시도해보고 계산된 실패를 하는 것이 필수 과정이 된 것이다.

실패에 대한 이런 인식 변화는 일단 환영할 만하다. 실패를 기피하고 두려워했던 문화에서 벗어나는 데 필요하다면 실패를 축하하는 파티를 열고 실패한 사람에게 상을 줄 수도 있을 것이다. 실패는 분명히 해도 되는 것이

3부 리더십과 조직문화 — 171

고 오늘날처럼 이루어야 할 목표가 어려워진 세상에서는 실패할 수밖에 없는 것일 수도 있다. 하지만 실패는 그 자체가 좋은 것도 아니고 적극적으로 추구해야 할 것도 아니다.

2023년 4월 20일 스페이스X가 유인탐사용으로 제작한 대형 우주선 스타십이 첫 궤도비행 실험에서 발사한 지 4분 만에 공중에서 폭발하고 말았다. 자칫 우울하고 의기소침할 수 있는 이 상황에서 스페이스X 대표 일론 머스크가 발사팀에게 축하한다는 메시지를 남겼다는 일화는 실패에 대한 인식 변화를 언급할 때 단골로 등장한다. 하지만 일론 머스크가 트위터에 남긴 메시지는 이게 전부가 아니었다. 축하한다는 멘트에 이어 그는 "몇 달 후에 있을 다음 테스트를 위해 많은 것을 배웠다."라고 적었다. 이것이 핵심이다. 실패를 축하할 수 있는 이유는 그 실패로부터 뭔가를 배울 수 있기 때문이지 실패 그 자체가 아름답거나 가치가 있기 때문이 아니다. 그래서 조직 내에서 실패 파티를 하거나 실패가 가치 있는 과정이 되기 위해 우리가 반드시 알아야 할 몇 가지 조건이 있다.

■ 첫째, 진정성 있는 노력이 전제되어야 한다

달성해야 할 목표가 있는데 안일하게 업무를 해놓고 아무 노력도 기울이지 않은 채 "나 실패했으니 격려해달라. 파티해달라."라고 요구할 수는 없다. 다양한 관점과 방법으로 최선을 다한 후에 나온 결과에 대해 담당인 내가 봐도 나 자신에게 감동할 때 그 실패는 축하받고 격려받아야 마땅한 것이다.

■ 둘째, 많은 사람에게 울림을 줄 수 있는 목표 설정이 필요하다

일론 머스크가 스타십의 폭발을 축하하고 많은 사람이 그 축하에 공감할 수 있었던 이유는 스페이스X가 전 인류의 한계를 극복하려는 대장정을 시작했기 때문이다. 어떤 업체가 최고의 AI 목소리 변조기술을 악용해 대규모 보이스피싱을 시도하다가 실패했다면 그 실패를 기념할 사람은 아무도 없을 것이다. 모든 사람을 이롭게 하거나 그것을 소비하는 사람들에게 도움이 되거나 의미있는 울림이 있어야만 그 실패는 비로소 빛날 수 있다.

■ 셋째, 실패로부터 얻는 교훈이 있어야 한다

실패로부터 교훈을 얻으려면 무엇이 전제되어야 할까? 그 교훈을 활용할 수 있는 다음 기회다. 이런 상상을 해보자. 스페이스X는 지금까지 열 번 비행실험을 했는데 모두 실패했다. 그동안의 실패들 때문에 모아둔 자본금도 모두 사라지고 투자자들도 이제 이 사업의 미래에 대해 회의적이다. 이번 마지막 발사로 스페이스X는 우주비행 사업을 영원히 접을지 여부가 결정될 상황이다. 하지만 불행히도 우주선은 또 다시 공중에서 폭발했고 그와 함께 스페이스X도 파산했다. 이런 암울한 상황에서 일론 머스크가 아닌 그 누구라도 실패를 축하할 수는 없다. 그리고 이 실패로부터 배울 교훈도 없다. 그 교훈을 활용할 수 있는 다음 발사가 남아 있지 않기 때문이다. 그래서 실패가 가치 있는 과정이 되기 위해서는 실패로부터 배운 교훈을 활용할 수 있는 '다음 기회'가 필요하다.

이런 조건에서 실패를 잘 관찰하고 관리하면 '하인리히 법칙'에서 말하는 그런 사고들은 일어나지 않을 것이며 예산 낭비, 시간 낭비를 안 하면서 당당히 앞으로 나아가는 데 원동력이 될 것이다.

"나는 실패하지 않는다. 단지 효과가 없는 1만 가지 방법을 발견했을 뿐이다."

- 토마스 에디슨

《Self Question》

- 우리 회사는 실패를 장려하는 문화를 갖고 있는가?
- 그렇지 못하다면 그 이유는 무엇인가?
- 그렇지 못한 그 이유를 단 한 가지라도 개선해 조직의 변화를 만든다면 무엇을 할 수 있을까?
- 이러한 조직문화를 만들기 위해 지금 당장 우리 회사는 무엇이 필요한가?

다음 툴을 사용해 위 내용을 정리해보자.

E(Eliminate)	**R**(Raise)
R(Reduce)	**C**(Create)

조직문화와 D&I

4

다양성과 포용성 기반의 조직문화 전환 전략

들어가며: 새로운 시대의 조직문화 전환 지점으로서 D&I

오늘날 조직은 급변하는 기술 환경, 다양해진 인력 구성, 글로벌 시장에서의 경쟁 심화 등 복합적인 변화의 중심에 놓여 있다. 특히 MZ세대의 등장과 함께 '일의 의미'와 '일하는 방식'에 대한 기대치가 바뀌고 있으며 이는 조직문화의 근본적 변화를 요구하고 있다. 이제는 단순히 제도와 시스템만 고치는 것이 아니라 조직의 '심층 문화'를 바꿔야 할 시점이다. 이러한 변화의 중심에 '다양성과 포용성'이라는 키워드가 있다.

다양성과 포용성(Diversity&Inclusion, D&I)은 성별, 연령, 국적, 장애, 성적 지향, 종교, 지역 등 다양한 특성을 지닌 사람들이 조직 내에서 동등하게 존중받고 소외되거나 차별받지 않고 자기다움을 유지하며 성과를 낼 수 있는 환경을 조성하는 것을 말한다. 하지만 D&I는 단지 외형적 다양성을 늘리는 것에 그치지 않는다. 조직이 구성원의 '존재 자체'를 받아들이고 그들이 안전하다고 느끼는 관계적 환경을 만들어주는 것이 핵심이다.

이번 장에서는 실제 조직에서 드러나는 다양한 D&I 관련 이슈들을 중심으로 구성원들의 생생한 경험과 목소리, 조직 내 문화적 관행과 제도, 리더십의 역할, 그리고 조직문화의 심층 구조와 연결된 전략적 시사점을 통합적으로 다룬다. 특히 D&I를 단순한 HR 이슈가 아닌 조직 전체의 지속가능성과 혁신 역량과 직결되는 문제라는 관점에서 접근한다.

1. D&I에 대한 인식

(1) D&I란 무엇이고 왜 중요한가?

많은 조직이 '다양성과 포용성'을 표방하지만 실제로 이 개념이 무엇을 의미하고 왜 중요한지 깊이 이해하지 못하는 경우가 많다. 다양성은 흔히 성별, 연령, 인종, 학력 등 가시적 차이를 의미하는 것으로 생각하지만 실제로는 더 깊은 층위의 다양성인 사고방식, 가치관, 일하는 스타일, 소통 방식, 문제 해결 접근법 등을 포함한다. 포용성은 이러한 다양한 사람들이 조직 내에서 동등하게 참여하고 존중받고 성장할 수 있도록 조직이 구조와 문화를 설계하는 능력을 말한다.

D&I는 왜 중요한가? 첫째, 구성원들의 몰입과 성과에 영향을 미치기 때문이다. 포용적인 조직일수록 구성원은 심리적으로 안전함을 느끼고 자발적으로 의견을 내며 자신의 잠재력을 발휘하려고 노력한다. 둘째, 조직의 혁신성과 직결되기 때문이다. 다양한 배경을 가진 구성원들이 모이면 다양한 시각과 아이디어가 충돌하면서 창의성이 증폭된다. 셋째, 외부 이해관계자, 고객, 투자자, 사회와의 관계에서도 조직의 D&I 수준이 신뢰와 지속가능성의 핵심 지표로 작용하기 때문이다.

많은 글로벌 리딩 기업들이 D&I를 핵심 가치로 채택하고 전사 차원의 전략으로 추진하는 이유도 여기에 있다. 구글, 마이크로소프트, 유니레버,

나이키 등은 단순히 채용 과정에서의 다양성 확보를 넘어 전사 전략, 리더십 평가, 고객 커뮤니케이션, 제품 개발, 공급망 관리 등 모든 가치사슬에 D&I를 내재화하려고 한다.

(2) 구성원이 느끼는 정체성과 D&I

진정한 포용은 구성원 각자가 자신의 '진짜 모습(True Self)'으로 조직에 참여할 수 있을 때 구현된다. 하지만 많은 조직 구성원들은 여전히 자신의 일부 정체성을 숨긴 채 조직에 참여한다. 이는 동료나 상사의 편견, 조직의 불문율, 평가에 대한 불안감 때문일 수 있다.

한 중견기업 여직원은 다음과 같은 경험을 공유했다. "회식 자리에서 결혼 안 한 여성은 일에 집중하지 않는다는 임원의 말을 듣고 큰 충격을 받았어요. 제 미래를 말하는 게 두려워졌어요." 이러한 발언은 직접적인 차별이라기보다 조직 내에 내재된 편견이자 심리적 불안정성을 조장하는 구조적 요인이다. 또 다른 비정규직 직원은 이렇게 말했다. "정규직과 같은 공간에서 일하지만 저희는 같은 구성원이라는 느낌이 안 들어요. 복지나 교육에서도 차이가 있고 목소리를 내기도 어렵고요."

D&I는 바로 이런 목소리를 조직이 진심으로 귀 기울여 듣고 반응하느냐의 문제다. 형식적인 캠페인이나 전시적인 다양성 확대가 아니라 조직 내에서 실제 구성원이 '존중받고 있다'라고 느끼는 정서적 체감이 필요하다. 그것이

없다면 그 어떤 D&I 전략도 표면에 머물 뿐이다.

(3) 익명성과 문화

많은 조직이 심리적 안전감의 중요성을 강조하면서도 실제로는 실명 기반의 회의, 1:1 면담, 상향 피드백 등에서 구성원이 자유롭게 의견을 개진하지 못하는 경우가 많다. 특히 위계적인 조직문화에서는 '말해도 안 바뀐다', '불이익을 당할 수 있다'라는 불안감이 구성원들의 침묵을 부른다.

D&I는 이런 '말할 수 없는 조직문화'를 개선하는 데 핵심적이다. 익명성이 무조건 정답인 것은 아니지만 초기에는 조직이 심리적 안전감을 위해 '의견을 개진할 수 있는 안전지대'를 마련해주는 것이 중요하다. 일부 기업은 '익명 게시판'이나 'Voice 앱'을 도입해 구성원들의 의견을 수집하고 정기적으로 리더가 피드백을 공유하면서 개선 내용을 발표하는 방식으로 신뢰를 쌓아가고 있다.

이러한 프로세스는 단순한 도구의 문제가 아니라 구성원이 "조직이 내 의견을 존중하고 있다."라고 느끼게 하는 정서적 연결의 문제다. 실제로 한 조직에서는 익명 게시판 도입 후 1년 동안 구성원의 이직률이 15% 감소하고 조직문화 만족도가 30% 이상 증가했다.

(4) Speak up과 D&I

Speak up은 단순히 '의견을 말하는 것'을 넘어 조직 내 침묵 문화를 깨고 문제를 예방하는 중요한 조직적 자산이다. 하지만 현실에서는 많은 구성원들이 불합리한 관행이나 리더의 문제적 행동을 목격하면서도 침묵을 선택한다. '말하는 것'보다 '살아남는 것'이 더 중요하게 느껴지기 때문이다.

「하버드 비즈니스 리뷰」는 구성원들의 침묵을 조직의 가장 큰 리스크 중 하나로 지목한다. 문제가 커지기 전에 발견하고 개선점을 제시해 조직이 올바른 방향으로 나아가도록 돕는 것은 모두 '말할 수 있는 조직문화'에서 비롯된다. 하지만 Speak up은 문화적으로 안전한 환경이 아니면 실현되기 어렵다.

'심리적 안전감' 이론의 창시자 에이미 에드먼슨 교수는 "팀원이 실수나 의견을 자유롭게 말할 수 있는 팀일수록 성과가 높다."라고 강조한다. 이는 단지 친절함이나 배려의 문제가 아니라 고성과 팀의 조건이라는 뜻이다. 따라서 조직이 진정한 D&I 문화를 지향한다면 구성원이 자신의 실명을 걸고 리더에게 문제를 제기하거나 타 부서와 갈등을 조정하거나 소수자 입장에서 불편을 호소할 수 있는 환경을 제도적·문화적으로 설계해야 한다.

2. D&I와 조직 내 관행

(1) 성별에 대한 관행과 D&I

조직에서 성별(Gender)은 표면적으로는 '해결된 이슈'처럼 보이지만 실제 현장에는 여전히 뿌리 깊은 차별과 고정관념이 존재한다. 이는 제도보다 더 무의식적으로 작동하며 조직문화의 여러 층위에 스며들어 있다.

예를 들어, 채용 단계에서 "여성은 결혼하면 오래 못 다닌다."라는 인식은 공식적으로는 사라졌지만 면접 질문이나 업무 배치에서 여전히 드러나는 경우가 많다. 여성 지원자에게 "육아 계획은 있으신가요?"라는 질문은 남성에게는 거의 던지지 않는다. 이는 형식적으로는 성차별 금지 조항이 있음에도 불구하고 여전히 '현장 문화'로 남아 있는 조직 내 차별의 실체다.

또 다른 사례로 전략 프로젝트나 대외 활동 기회가 남성 직원에게 먼저 돌아가는 관행이 있다. "여직원은 클라이언트 상대로는 좀 어렵지 않겠어?", "육아하느라 시간 맞추기 어렵지?"라는 발언은 겉으로는 배려처럼 보이지만 실제로는 경력과 성장 기회를 차단하는 장벽이 된다. 한 여성 중간관리자는 이렇게 털어놓았다. "입사한 지 10년이 넘었고 실적도 팀 내 상위인데 외부 프로젝트 PT는 늘 남성 팀장이 맡아요. '자네는 고객보다 우리 팀 케어가 더 중요하잖아'라는 말에 화가 났어요. 제가 결정권자가 될 기회는 왜 없는 걸까요?" 이는 단순히 개인의 불만이 아니라 기회에 대한 구조적 불균형의 사례다. 실제 연구에서도 여성은 같은 역량을 보유해도 승진까지 평균 2~3년 이상 더 걸리고 리더십 자리에 도전할 심리적 안전감이 낮은 것으로 나타난다.

조직문화 전문가 토머스 & 엘리$^{\text{Thomas \& Ely}}$(1996)는 '다양성 관점'이라는 개념을 통해 진정한 D&I는 구성원이 자신의 정체성을 숨기지 않고도 중심에서 활동할 수 있는 환경을 의미한다고 했다. 이는 단지 여성 인력 수치를 늘리는 것이 아니라 여성 구성원이 의미 있는 의사결정과 리더십 포지션에 참여할 수 있도록 구조를 변화시키는 데 초점을 맞춰야 한다는 뜻이다.

이러한 문제를 해결하기 위해서는 다음과 같은 접근이 필요하다.

- **데이터 기반 실태 진단**: 채용·배치·승진·평가 등에서 성별에 따른 기회 격차를 데이터로 드러내고 문제를 시각화해야 한다.
- **무의식적 편견 교육(unconscious bias training)**: 리더를 포함한 구성원 전반의 고정관념을 인식하고 해체하는 워크숍이 필요하다.
- **경력경로 설계의 성인지적 접근**: 동일한 경력경로가 성별에 따라 다르게 작동하지 않도록 설계 개선이 요구된다.

(2) 직장 내 괴롭힘과 D&I

직장 내 괴롭힘은 단순한 개인 간 갈등이 아니라 조직이 다양성과 포용성을 실현하지 못했음을 드러내는 심각한 문화적 징후다. 괴롭힘은 언어적 조롱, 반복적인 공개 지적, 배제, 과도한 업무 부담, 무시, 소문 퍼뜨리기 등 다양한 형태로 나타난다. 특히 정규직-비정규직, 연차가 높은 직원-신입직원, 본사-지사, 본부-현장 간 수직적·수평적 권력의 불균형이 괴롭힘을 부추긴다.

한 비정규직 직원은 이렇게 말했다. "같이 일하면서 인사해도 무시하는 상사들이 있어요. 의견을 내면 '그건 정직원들끼리 결정하는 거야'라고 하고요. 회의는 물론 회식에도 끼지 못해요. 그저 노동력으로만 존재하는 기분이에요." 괴롭힘은 단기적으로는 구성원의 자존감과 업무 몰입을 약화시키고 장기적으로는 이직률 증가, 조직 신뢰 저하, 평판 하락으로 이어진다. 특히 D&I 관점에서 보면 괴롭힘은 조직이 다양한 정체성을 수용하지 못하고 특정 그룹만 중심이 되는 폐쇄적 구조임을 반증한다.

실제로 한국고용정보원 조사에 따르면 괴롭힘 경험자 중 64.2%는 퇴사나 이직을 고민했고 31.5%는 정신적 치료를 경험했다. 이는 조직 내 포용성과 심리적 안전감이 무너질 때 얼마나 큰 비용을 초래하는지를 보여준다.

조직은 다음과 같은 방식으로 대응해야 한다.
- **익명 고충 창구와 외부 조사 시스템 도입**: 조직 내 고발이 불이익으로 이어지지 않도록 심리적 안전 기반을 구축해야 한다.
- **일상 속 미세한 괴롭힘(microaggression)에 대한 민감성 교육**: 농담과 웃음으로 포장된 차별적 표현이 조직의 병리로 이어질 수 있음을 인식시켜야 한다.
- **리더십의 적극적 개입**: 관리자는 '중재자'가 아닌 '책임자'로서 괴롭힘 문제를 인식하고 문화적 기준을 세우는 역할을 해야 한다.

(3) 조직 내 암묵적으로 존재하는 차별과 D&I

조직 내에서 공식적인 차별은 줄었지만 수면 아래에서는 여전히 암묵적인 배제와 경계가 존재한다. 예를 들어, 출신 학교에 따라 주요 보직이 배정되거나 특정 지역 출신이 '끼리끼리 문화'에 포함되거나 육아 중인 직원이 중요 업무에서 배제되는 사례가 있다.

한 팀장은 말했다. "솔직히 말하면 학연이 좀 있어요. 후배를 추천할 때도 알던 사람이 편하죠. 아이 키우는 직원한테 야근 시키기도 부담스럽고요. 그래서 중요한 일은 주로 미혼이나 남성 직원에게 맡기게 돼요." 이러한 정서적 라벨링과 편향은 조직문화의 '그늘'이자 수치화되지 않은 차별의 장치다. 실제로 미국 SHRM 보고서에 따르면 조직 내 차별을 인식하는 순간 구성원들의 몰입도가 평균 40% 이상 감소하고 자율적 협업 참여율도 크게 하락한다고 한다.

암묵적 차별을 제거하기 위해서는 다음과 같은 접근이 필요하다.

- **비가시적 배제 구조 진단:** 정성적 인터뷰, 스토리 리스닝을 통해 구성원들의 경험을 조직적으로 수집·분석해야 한다.
- **무형의 자격 기준 제거:** "말을 잘해야 해.", "감각이 있어야 해.", "우리와 코드가 맞아야 해."와 같은 암묵적 기준을 없애고 명확한 성과와 가치 기준으로 전환해야 한다.
- **문화적 중간지대 확장:** 소수자 정체성을 가진 이들이 스스로 조직의 일원으로 느낄 수 있도록 '환대 공간', '심리적 전이구역'을 마련해야 한다.

(4) 그룹 사고와 D&I

그룹 사고(Groupthink)는 다수의 동의가 곧 정답이라는 착각에서 비롯된다. 이는 구성원의 다양성을 억제하고 비판적 사고를 마비시키고 혁신을 가로막는 결정적 장애물이다. 특히 '조직화가 잘된' 집단일수록 이런 경향이 강하며 결과적으로 정체되고 폐쇄적인 문화를 낳는다.

일례로 한 금융사의 프로젝트 회의에서 팀장의 의견에 아무도 반대하지 않았다. 하지만 사후 인터뷰에서는 절반 이상의 팀원이 '비효율적'이라고 느꼈고 "말하면 괜히 방해하는 것처럼 보일까 봐 참았다."라고 답했다. 이는 **'합의의 착각'(False Consensus)**으로 심리적 안전감이 없는 조직의 전형적인 증상이다. 하버드대 에이미 에드먼슨 교수는 "조직이 학습하고 성장하려면 '실패에 대한 처벌이 없는 환경'이 선행되어야 한다."라고 강조한다.

그룹 사고를 극복하기 위한 전략은 다음과 같다.

- **역할 분리 브레인스토밍(Roles in Brainstorming):** 일부러 '반대자 역할'(Devil's Advocate)을 지정해 다양한 관점을 드러내는 구조 설계를 도입한다.
- **심리적 안전도 진단 도구 사용:** 팀 단위로 심리적 안전감, 발언 자유도, 포용성 수준을 측정하고 피드백하는 과정을 정례화한다.
- **다양한 배경의 팀 구성:** 성별·연령·경험·직무가 다양한 구성원들로 팀을 설계해 다양한 의견을 자연스럽게 유도한다.

3. D&I와 리더십

(1) 리더의 롤 모델링과 D&I

조직문화에서 리더는 하나의 거울이자 나침반이다. 조직 구성원은 리더가 무의식적으로 흘리는 말투, 표정, 태도, 의사결정 방식 하나하나에서 '이 조직이 나를 포용하는가'를 체감한다. 그러므로 D&I가 조직의 표어에 그치지 않으려면 리더의 일상적 실천이 무엇보다 중요하다.

D&I를 실현하는 리더는 단지 정책을 이행하는 관리자가 아니라 **포용적인 행동을 전파하는 문화적 롤 모델(Cultural Role Model)**이 되어야 한다. 구성원은 제도보다 리더의 행동에서 더 많은 신호를 읽는다. 따라서 D&I 전략의 성패는 리더가 어떤 정체성과 감수성, 태도를 조직 내에서 어떻게 '살려내는가'에 달려 있다.

예를 들어, 회의 도중 침묵하는 말단 사원에게 "혹시 다른 의견은 없을까?"라고 직접 물어보는 리더, 출산을 앞둔 여성 팀원을 배려한 근무 배치를 제안하는 리더, LGBTQ+ 구성원이 소외감을 느끼지 않도록 워크숍의 언어 사용에 신중을 기하는 리더는 조직 내 보이지 않는 안전장치를 하나하나 만드는 셈이다.

한 기업의 중간관리자는 이렇게 말했다. "우리 팀장은 본인이 야근할 때도 아이가 있는 직원은 무조건 6시 전에 보내요. 일로 평가하지 시간을 구속하지 않아요. 팀원들이 자율과 책임을 진짜 느껴요." 이러한 리더의 행동은 무형적이지만 강력한 조직문화 코드로 내면화된다. 실제로 이러한 리더가 있는 팀은 구성원의 심리적 안전감, 목소리를 내는 비율, 일에 대한 주인의식이 높게 나타나는 경향이 있다. 반대로 D&I를 외치면서도 정작 리더 본인이 권위주의적으로 행동하거나 '다름'을 불편해하는 태도를 보이면 구성원들은 D&I를 위선적으로 느낀다.

리더가 보여주는 롤 모델링은 다음 세 가지 기준을 충족시켜야 한다.

- **일관성**: 말과 행동이 일치하고 공개적·비공개적 상황에서도 같은 포용적 태도를 보이는가?
- **가시성**: 구성원들이 그 태도를 '확실히 보고 느낄' 수 있는가?
- **파급력**: 그 행동이 팀원이나 다른 관리자에게 영향을 미치는가?

결국 조직문화는 제도로 '운영'되는 것이 아니라 리더의 태도로 '형성'된다. D&I는 리더의 일상에서 살아 숨쉬어야 한다. 그가 누구에게 미소를 짓고 누구의 말을 끝까지 경청하고 누구의 차이를 인정하느냐에 따라 그 조직의 포용 수준이 결정된다.

(2) 리더의 다양성 존중과 D&I

다양성을 진정으로 존중하는 리더는 '인간의 다름'이 조직의 문제점이 아니라 가능성임을 이해한다. 다름을 불편하게 여기지 않고 그 다름 속에 조직이 도약할 기회를 숨겨 놓았다고 여기는 태도는 오늘날 리더십의 핵심 자산이다. 하지만 현실에서는 많은 리더가 구성원의 '배경', '성격', '스타일'을 기준으로 팀 운영의 효율을 논하거나 문화적 차이를 '관리 포인트'로만 다루려고 한다.

예를 들어, 신입사원의 도전적인 질문을 "요즘 애들은 왜 저래?"라고 폄하하거나 장애 직원에게 업무 기회를 제한하며 '배려 차원'이라고 말하는 식이다. 이런 리더십 아래서는 다양성은 자산이 아니라 '문제 요소'가 되기 쉽다. 반대로 다양성을 존중하는 리더는 다음과 같은 네 가지 특성을 가지고 있다.

1. **문화적 민감성**(Cultural Sensitivity): 다양한 정체성, 삶의 배경, 신념을 빨리 눈치채고 예의 바르게 반응한다.
2. **의도적 포용**(Intentional Inclusion): 팀원 중 소외된 이들이 누구인지 인지하고 그들에게도 기회를 주고 목소리를 이끌어내기 위해 노력한다.
3. **유연한 의사결정**(Flexible Leadership): 한 가지 방식이나 기준에 얽매이지 않고 다양한 관점을 조율하며 융합적인 접근을 취한다.
4. **차이를 자산화하는 역량**(Diversity Leveraging): 단순한 '존중' 수준을 넘어 다름을 통해 문제 해결력, 창의성, 시장 이해도 등의 조직 역량을 끌어올린다.

해외 경험이 많은 한 여성 리더는 이렇게 회고한다. "저는 직원이 '기독교'든 '무슬림'이든 '무교'든 그 사람의 관점을 물어보고 들어요. 같은 문제를 종교별로 다르게 해석할 수 있거든요. 거기서 회의가 훨씬 깊어지고 사람들도 존중받는다고 느끼죠."

D&I는 이처럼 조직 내 차이를 단순히 '견디는 것'이 아니라 전략적으로 연결하고 의미화하는 리더십에서 완성된다. 특히 세대 차이, 언어 습관, 감정 표현 방식, 성격 차이, 국가·문화적 차이 등은 조직 내 충돌 요인이 되기 쉬운 만큼 리더는 '차이를 중재하는 관리자'가 아니라 '차이를 통합하는 리더'로서 기능해야 한다.

포용적 리더십은 갈등을 두려워하지 않고 갈등 속에서 새로운 질서를 창조하는 역량이다. 이는 단순히 '좋은 사람'이 되는 것이 아니라 다양성을 조직 성과와 연결시키는 전략적 리더십의 확장이다.

(3) 리더의 경청과 D&I

리더십에서 경청(Listening)은 단순한 커뮤니케이션 기술이 아니라 조직 내 심리적 안전감을 창출하는 행위다. 특히 다양한 정체성과 배경을 가진 구성원들이 존재할수록 경청은 곧 포용의 첫걸음이다. 하지만 현실에서는 많은 리더가 '열린 태도'를 선언하면서도 실제로는 자신이 듣고 싶은 것만 선택적으로 수용하거나 반론에 방어적으로 반응한다. 이런 조직에서 구성원들은 자신의 생각이나 불편함, 제안을 표현하기보다 침묵을 선택하게 된다.

한 신입사원은 이렇게 말했다. "부장님이 '의견 주세요'라고 말하지만 막상 제가 다르게 말하면 표정이 굳어요. 말은 해도 되지만 받아들여질지는 몰라요." 이러한 경험이 반복되면 조직에는 '고요한 침묵'이 퍼진다. 이는 D&I의 가장 큰 적이다. 포용성은 결국 목소리가 다양한 만큼 실현되며 그 **목소리를 존중하고 다루어주는 리더의 태도**에서 강화된다.

진정한 경청이 이루어지기 위해 리더가 갖추어야 할 태도는 다음과 같다.

- **비판단적 수용**: 내용보다 감정에 먼저 반응하고 해석보다 확인을 우선시한다.
- **침묵 공간 허용**: 즉각적인 반응을 요구하지 않고 생각할 시간을 주며 숙고의 여지를 인정한다.
- **행동으로 연결**: 들은 내용을 조직 운영에 반영하거나 후속 피드백을 통해 변화가 있음을 보여준다.
- **권력 격차 인식**: 리더라는 지위 자체가 '무언의 압박'이 될 수 있음을 자각하고 이를 상쇄해줄 부드러운 언어와 태도를 개발한다.

포용적 리더는 단순히 '말을 잘 듣는 사람'이 아니라 조직 내 다름을 조직의 학습 자산으로 바꾸는 사람이다. 이는 HRD나 교육 프로그램으로 단기간에 강화할 수 없는, 장기적이고 실천에 기반한 태도 전환을 요구한다. 결국 리더십은 '지시하는 힘'이 아니라 '경청을 통해 신뢰를 쌓는 힘'이다. D&I는 경청의 밀도만큼 강화되며 구성원들이 침묵하게 만드는 리더십은 포용의 반대 방향으로 조직을 이끈다.

4. D&I와 제도

(1) 인사제도와 D&I

조직의 인사제도는 구성원의 경력 여정 전반에 영향을 미치는 구조적 틀이며 다양성과 포용성의 실질적 실현 여부를 좌우하는 결정적 요소다. 채용·평가·보상·승진 등 HR 시스템이 어떻게 설계되고 실행되느냐에 따라 D&I의 성숙도는 완전히 달라진다. 하지만 많은 조직에서 인사제도는 여전히 '형식적 공정성'(Formal Equality)에만 초점을 맞추고 있으며 '실질적 형평성'(Substantive Equity)이라는 관점은 부족하다. 예를 들어, 평가 기준을 동일하게 적용하는 것을 공정이라고 믿는 경우가 많지만 이는 다양한 구성원들의 현실과 여건을 간과한 제도적 맹점이 된다.

한 대기업 여성 과장은 이렇게 말했다. "승진 심사에서 회식 참석률이나 야근 참여를 간접적으로 따진다는 걸 나중에 알게 되었어요. 아이 키우는 입장에서 저녁 자리에 자주 빠지는 건 불가피한데 그게 결국 불이익이 되더라고요." 이처럼 표면적으로는 중립적으로 보이는 기준들이 특정 집단에게 불리하게 작용하는 구조는 실질적 다양성과 포용성을 가로막는다. 육아·돌봄·건강·연령·장애 등의 사유로 근무 방식이 달라질 수 있는 직원들에게 동일한 기준을 일률적으로 적용하는 것은 공정이 아니라 차별이 될 수 있다.

D&I 관점에서 인사제도는 단순히 '같은 규칙'을 적용하는 것이 아니라 **각자의 출발선이 다름을 인정하고 제도의 유연성과 맥락적 판단 기준을 포함시켜야 한다.**

- **성과 평가에서의 배경 맥락 고려:** 절대 평가뿐만 아니라 구성원의 여건, 역할 특성, 업무 접근 방식 등을 정성적으로 함께 판단할 수 있는 보완 절차 마련
- **가시적 헌신의 재정의:** 야근·회식 참여 등 눈에 보이는 노력뿐만 아니라 조용히 꾸준히 성과를 내는 '조용한 기여'를 가시화하는 피드백 구조 마련
- **프로세스 중심의 평가 도입:** 결과 중심의 평가 이외에 일하는 방식과 동료와의 협업, 다양성을 존중하는 행동 등을 포함하는 정성평가 영역 반영

예를 들어, 위와 같은 방향으로 나아갈 때 인사제도는 단지 '인력 관리'의 수단이 아니라 조직의 D&I 철학을 구현하는 전략적 장치가 될 수 있다.

(2) 제도와 관행 그리고 D&I

공식 제도(Formal Policy)와 비공식 관행(Informal Practice) 사이의 간극은 조직문화와 D&I 실행 사이에서 가장 흔히 발생하는 괴리 현상이다. 제도는 잘 설계되어 있지만 실제로 실행되는 방식은 과거의 관행이나 정서적 문화 코드의 영향을 받는 경우가 많다.

예를 들어, 어떤 조직은 채용과 승진 기준에 '학력·성별·연령'을 명시적

으로 배제하고 있지만 실제로는 특정 대학 출신, 특정 연령대의 남성 직원이 주요 직책을 독점하는 경우가 많다. 이는 제도의 투명성과 객관성이 관행의 무게에 밀리는 대표적 현상이다.

모 IT 기업의 한 여성 리더는 이렇게 말했다. "공식적으로는 누구나 프로젝트에 지원할 수 있다지만 결국 중요한 일은 관리자와 가까운 사람들에게 먼저 흘러가요. 현실에서는 '관계'가 중요하죠."

또 다른 공공기관 직원은 다음과 같이 토로했다. "정책은 좋아요. 문제는 '현실'이에요. 그걸 지키는 사람들이 안 바뀌면 제도는 그냥 액자 속 그림일 뿐이죠." 이처럼 제도와 관행 사이의 간극은 D&I 정책에 대한 구성원들의 신뢰를 무너뜨리고 조직문화의 일관성을 저해한다. 구성원들은 제도의 글자(text)가 아니라 실행 방식(subtext)을 통해 조직의 진심을 판단한다. 따라서 D&I 구현을 위해서는 다음과 같은 작업이 필요하다.

- **제도 운영 실태 진단**: 설계된 정책이 실제로 어떻게 작동하고 있는지, 누가 수혜를 받고 누가 소외되는지 정기적으로 검토하는 D&I 감사체계 구축
- **제도 운영자의 감수성 강화**: HR 담당자, 관리자, 의사결정자의 D&I 감수성 교육을 통해 제도 집행 과정에서 무의식적 편향 줄이기
- **비공식 영향력 관리**: 비공식 네트워크(학연·지연·성별 등)가 공식 절차를 우회하거나 왜곡하지 않도록 '절차적 투명성' 강화

D&I는 단지 '있는 제도'를 홍보하는 것이 아니라 제도의 작동 방식을

꾸준히 점검하고 무의식적 편향이 반영된 관행을 조직 차원에서 개입·조정하는 활동까지 포함한다. 이것이 조직의 지속가능한 포용성을 확보하는 핵심 경로다.

(3) 고충 및 사내 지원과 D&I

조직 내 다양성과 포용성이 뿌리내리려면 구성원들이 자신의 경험, 어려움, 고충을 **두려움 없이 말할 수 있는 심리적 안전지대**가 필요하다. 하지만 대부분의 조직은 고충처리제도를 갖추고 있음에도 불구하고 그것이 실질적으로 작동하는 경우는 드물다.

많은 직원들은 '고충처리제도'가 있더라도 실제로는 **불이익, 낙인, 보복**을 우려해 목소리를 내지 못한다. 특히 성소수자, 여성, 장애인, 외국인, 비정규직 근로자 등 조직 내 소수자들이 더 그렇다.

모 중견기업의 한 계약직 직원은 이렇게 말했다. "익명으로 써도 어차피 다 추정돼요. 누가 썼는지. 한 번 문제를 제기하면 이상한 눈으로 보죠. 차라리 조용히 넘어가는 게 낫다는 게 조직 분위기예요." 이런 분위기 속에서는 아무리 제도가 있어도 구성원들은 자신들이 보호받지 못한다고 느끼고 이는 결국 조직 내 침묵 문화를 고착시킨다. 따라서 D&I 관점에서 고충 처리 및 내부 지원 시스템은 다음과 같은 요건을 갖추어야 한다.

- **보복 방지 조치 제도화:** 신고자 보호를 위한 인사적 조치, 고충 제기 이후의 경과 모니터링 체계
- **익명성과 비밀 보장 강화:** 온라인 제보 시스템, 외부 위탁 상담 채널 운영 등 신뢰할 수 있는 프로세스 구축
- **다양성·감수성 기반 상담 서비스 운영:** 성별 감수성, 장애 이해, 세대·문화 간 소통을 고려한 전문 상담인력 양성
- **사내 멘토링 및 경력 지원:** 육아 중단 경력자, 이주 노동자, 은퇴 예정자 등을 위한 맞춤형 멘토링 프로그램 운영

D&I는 구성원들이 '문제 제기'조차 할 수 없는 침묵 구조를 깨뜨리는 데서 시작된다. 고충 처리 시스템은 단순한 문제 해결 수단이 아니라 **조직이 구성원을 어떻게 대하는지를 상징적으로 보여주는 '문화의 거울'**이다.

5. D&I와 문화

(1) 능력 중심 문화와 D&I

많은 조직이 "우리는 실력 중심, 능력 중심으로 인재를 대우한다."라고 주장한다. 표면적으로는 매우 바람직한 가치처럼 보인다. 하지만 실제 현장에서 '능력'이라는 개념은 종종 특정 유형의 행동이나 성향, 심지어 외형적 특성에 의해 정의된다. 이때 진정한 포용성은 사라지고 '기준화된 능력 모델'에 부합하지 못하는 구성원은 자연스럽게 주변화된다.

예를 들어, 회의에서 적극적으로 발언하고 존재감을 드러내는 사람이 유능한 것으로 인식되고 조용하지만 깊이 있는 분석과 실행력을 갖춘 사람은 소극적이고 임팩트가 부족하다고 낙인찍히는 경우가 많다. 또는 외향적이고 사교적인 태도가 '리더십 포텐셜'로 연결되는 반면, 내성적이고 신중한 리더십은 평가 대상에서 배제되기까지 한다. 이러한 '보이지 않는 기준'은 성별·성격·국적·장애 여부 등과 얽혀 복합적인 차별을 야기한다.

D&I 관점에서의 능력 중심 문화는 단순히 결과 중심으로 평가하는 것이 아니라 그 능력이 발휘되는 '방식'의 다양성도 함께 존중하는 조직 문화를 의미한다. 똑같은 성과를 내더라도 어떤 사람은 혼자 깊이 몰입해서, 어떤 사람은 팀과 협력해서, 또 어떤 사람은 정서적 공감 능력을 통해 성과에 도달할 수 있다. 중요한 것은 "성과에 이르는 방식이 반드시 하나일 필요는

없다."라는 인식의 전환이다.

기업은 평가·보상·피드백·경력 개발 제도 등 전반에서 다양한 '능력의 표상'을 허용해야 한다. 예를 들어, 성향이 다른 직원들에게 각각 맞춤형 성과 측정 도구를 제공하거나 동료 피드백이나 360도 평가 등 다면적 시각을 통해 능력을 정의하는 방식이 필요하다. 특히 다양성이 높은 팀에서는 '비정형적 재능'을 가진 구성원이 예상치 못한 방식으로 혁신을 이끄는 경우가 많다. 이런 조직일수록 기존 '승자 독식' 구조에서 벗어나 다층적이고 입체적인 능력의 정의를 정착시키는 것이 조직 역량의 핵심이 된다. 이를 실현하기 위해서는 리더뿐만 아니라 HR과 조직문화팀도 협업해 조직문화 코드와 제도를 전반적으로 재설계해야 한다.

(2) 문화적 효과성과 D&I

문화적 효과성(Cultural Effectiveness)은 단순한 다문화 이해 수준을 넘어 조직이 구성원들의 다양한 문화적 배경을 전략적 자산으로 전환하는 능력이다. 이는 특히 글로벌 조직이나 다양한 세대·직군·배경이 혼재된 조직에서 필수적으로 요구되는 역량이다. 조직 내 D&I가 제대로 작동하면 다양한 관점들이 충돌을 일으키는 것이 아니라 새로운 아이디어와 시너지를 창출하는 기반이 된다. 다양한 관점들이 협업을 통해 융합되면 복잡한 문제에 다차원적으로 접근할 수 있고 이는 곧 실행 전략의 혁신으로 연결된다.

예를 들어, 한 다국적 제약회사는 본사(서구식 프로세스 기반 문화)와 아시아 지사(관계 중심, 암묵적 규범 중시) 간의 문화 차이로 갈등을 겪었다. 초기에는 '효율성 저하'와 '갈등 관리 실패'가 문제였지만 이후 양측 문화에 대한 공동 학습과 상호 존중 기반의 리더십 교류 프로그램을 운영하면서 고객 중심 캠페인의 성과가 1.5배 이상 상승했다. 이는 단순한 문화 교육이 아니라 문화적 효과성을 조직의 전략으로 끌어올린 대표적 사례다.

문화적 효과성을 높이기 위해 조직은 다음과 같은 접근이 필요하다.

1. **문화 간 브로커 역할의 리더 발굴**: 서로 다른 문화 사이를 통역하고 조정할 수 있는 리더십을 키워야 한다.
2. **문화 기반 충돌 예측 및 중재 툴 마련**: 프로젝트 초기부터 문화적 갈등 요소를 진단하고 대응 전략을 내장해야 한다.
3. **핵심 가치(Core Value)와 유연한 실행문화 분리**: 핵심 가치는 공유하되 일하는 방식은 각자의 맥락에 맞게 다르게 운영할 수 있어야 한다.

D&I는 더 이상 '착한 선택'이 아니라 복잡한 환경에서 살아남기 위한 경쟁 전략이다. 문화적 효과성을 기반으로 다양한 인재들이 서로 '자원'으로 인식할 수 있을 때 조직은 진정한 의미의 창의성과 회복 탄력성을 얻게 된다.

(3) 소속감과 D&I

D&I의 궁극적 목적지는 '소속감'(Belonging)이다. 구성원들이 "나는 이 조직의 일원이다."라는 심리적 확신을 가질 때 비로소 다양성과 포용성은 성과로 연결된다. 하지만 현실은 이상과 다르다. 많은 구성원들이 "회사는 나를 고용했지만 진심으로 받아들이지는 않았다."라고 느끼며 일한다.

특히 이직 후 초기에 이러한 소외감이 크다. 외부에서 입사한 경력자는 기존 집단의 문화 규범에 익숙하지 않다는 이유로 '불안정한 구성원'으로 취급되거나 중요한 정보에서 배제되기 쉽다. 여성 리더가 회식에서 술자리를 피해 조기 퇴근하면 '팀워크가 부족하다'라는 평가를 받고 장애인 구성원이 '눈치껏' 피드백을 피하는 경우가 여전히 많다.

이런 분위기에서는 구성원들이 '있는 그대로의 나'로 존재하기 어렵고 이는 곧 이직률, 심리적 소진, 몰입도 저하로 이어진다. 진정한 소속감은 **정체성과 기여의 인정**에서 온다. 단순히 자리에 있는 것이 아니라 자신이 조직에 기여하고 있고 그것이 인정받고 있다는 느낌이 있어야 한다. 이를 위해 조직은 다음과 같은 문화를 구축할 필요가 있다.

- **비공식 커뮤니케이션 채널 개방**: 소외된 목소리가 비난받지 않고 드러날 수 있도록 안전지대를 마련해야 한다.
- **소수자 커뮤니티 및 후원 프로그램**: 비슷한 정체성을 가진 이들이 심리적 지지를 받을 수 있도록 사내 그룹을 운영할 수 있다.
- **행동적 포용 문화 설계**: 팀장과 동료들이 회의에서 의견을 유도하거나 사소한 차별적 언행을 인지하고 개선하는 문화적 스크립트를 만들어야 한다.

한 IT 스타트업에서는 외국인 개발자가 입사 후 지속적인 고립감을 느껴 퇴사하려던 도중에 HR과 CEO가 직접 대화에 나섰고 그 인력을 위한 언어 교류, 문화 워크숍, 사내 다문화 멘토링 프로그램을 도입한 결과, 구성원 만족도와 조직 몰입도가 20% 이상 증가한 사례가 있다. 이처럼 소속감은 제도와 문화가 함께 작동할 때 비로소 생성된다.

(4) 세대 간 편견과 D&I

세대의 다양성은 현재 한국 기업들에서 가장 현실적이고 시급한 D&I 과제 중 하나다. 특히 MZ세대(밀레니얼+Z세대)의 조직 진입이 본격화되면서 기존 조직문화와의 충돌이 점점 뚜렷해지고 있다. 하지만 이를 단순히 '세대 갈등'이나 '신세대의 적응 문제'로만 치부해버리면 구조적 해결은 요원해진다.

기성세대는 조직에 대한 충성, 위계질서, 정량적 성과를 중시하며 암묵적 규칙에 익숙하다. 반면, MZ세대는 수평적 소통, 실시간 피드백, 개인의 성장과 워라밸을 중시한다. 이 두 집단은 세상을 바라보는 '프레임' 자체가 다르다. 하지만 많은 조직에서 이를 '태도 문제'나 '조직 적응력 부족'으로 해석해 세대 간 간극을 더 심화시키고 있다.

D&I의 관점에서 이 문제에 접근하면 해석이 달라진다. 각 세대는 시대적 배경과 교육, 경험에 따라 '조직'을 다르게 이해하고 있으며 이를 서로 번

역하고 연결할 수 있는 구조적 개입이 필요하다.

효과적인 접근은 다음과 같다.

- **세대 통합 워크숍**: 각 세대가 서로 경험과 기대를 공유하고 공감대를 형성하는 장을 마련한다.
- **상호 멘토링 제도 도입**: '리버스 멘토링'을 통해 젊은 세대가 기성 세대에게 디지털 문화나 새로운 일하는 방식을 멘토링하는 프로그램을 시도할 수 있다.
- **세대별 커뮤니케이션 툴킷 제공**: 예를 들어, 'MZ세대를 위한 보고 방식', '기성세대와의 대화 팁' 같은 콘텐츠를 사내 교육자료로 개발할 수 있다.

가장 중요한 것은 세대를 이분법적으로 나누기보다 개별 구성원의 다양성과 맥락을 이해하고 그 차이를 연결해 자산으로 삼는 조직의 태도다. 세대 간 편견을 넘어 각 세대의 '문화적 강점'을 활용할 수 있을 때 조직은 진정한 세대 통합의 길로 나아갈 수 있다.

6. D&I 장려를 위한 제언

조직의 미래를 바꾸는 문화적 개입으로서의 다양성과 포용성

들어가며: D&I는 시대정신인가, 유행인가?

오늘날 기업들이 D&I를 이야기하는 방식에는 양가적 정서가 섞여 있다. ESG와 지속가능성 경영의 필수 요소로, MZ세대와 글로벌 인재를 위한 어휘로, 또는 혁신을 위한 조직문화 전략으로 언급되지만 정작 조직 내에서는 피상적인 캠페인으로 소비되거나 말과 행동의 간극 속에서 구성원들의 냉소를 낳는 경우도 많다.

더욱이 오늘날 우리는 AI가 인간의 능력을 대체하는 문명의 전환점에 서 있고 트럼프 대통령 집권 1기의 반(反) D&I 흐름처럼 정치적으로도 포용성을 역행하는 분위기를 목도하고 있다. 과연 이러한 흐름 속에서도 D&I를 말해야 하는가?

그 대답은 명확하다. 우리는 단지 '기술이 뛰어난 조직'이 아니라 '사람이 중심인 조직'을 만들어야 하며 다양성과 포용은 그 문명적 선택의 기준이 된다. D&I는 단지 소수자를 위한 배려가 아니라 모두를 위한 진보적 전략이다. 그리고 이 전략은 말이 아닌 '행동 가능한 문화'로 구현되어야 한다.

(1) 경영진의 진정성 있는 의지와 문화 리더십

D&I를 조직문화로 구현하는 첫걸음은 경영진의 명확한 입장 표명이다. 이는 단순한 구호나 윤리 강령에 그쳐선 안 된다. 구성원들은 리더가 전하는 '문화적 메시지'보다 '문화적 행위'를 보고 판단한다. 진정성이 없는 메시지는 조직 내 D&I 담론을 형식화시키고 오히려 반감을 부를 수 있다.

경영진은 다음과 같은 방식으로 D&I 문화를 주도해야 한다.

- 조직의 가치와 전략 안에 D&I를 명시하고 그것을 정기적으로 갱신하며 전사적으로 공유할 것
- CEO 및 C 레벨이 D&I 관련 커뮤니케이션을 '자신의 언어'로 전달하고 D&I에 반하는 문화적 행동에 대해서는 단호한 조치를 내릴 것
- 고위 리더들의 리더십 개발 과정에 D&I 감수성과 조직문화의 일관성을 포함시킬 것

이는 경영진이 단순한 후원자가 아니라 '문화 리더(Culture Leader)'로서 책임지는 역할을 하겠다는 선언이며 조직 전반의 D&I 정착 가능성을 높인다.

(2) 제도, 일하는 방식, 운영 시스템에의 내재화

D&I가 조직문화에 실질적으로 녹아들려면 HR 제도와 운영 시스템이 그 철학을 반영해야 한다. 여기서 중요한 것은 '표면적 형식'을 넘어 '구조적 공정성'을 설계하는 것이다.

D&I 관점의 제도 설계 예시

- **채용**: 무의식적 편견 배제를 위한 구조화된 면접 및 AI 알고리즘의 공정성 검증
- **근무 환경**: 다양한 라이프스타일(육아, 노부모 부양, 장애인, 성소수자 등)을 반영한 유연근무제 설계
- **평가**: 결과뿐만 아니라 협업, 포용성, 조직문화 기여도 등 정성적 지표도 포함
- **리더 평가**: 팀 내 심리적 안전감, 다양성 존중, 하위자와의 신뢰 구축 등을 정기적으로 측정
- **고충 처리**: 익명성 보장, 후속 피드백의 투명성 확보, 2차 피해 예방 장치 마련

특히 AI 기반 채용 및 평가 시스템이 확산되는 지금 우리는 '알고리즘이 설계한 편견'에도 주의를 기울여야 한다. 데이터와 기술이 중립적이라고 가정하는 순간, 조직은 차별을 자동화할 수 있다. 기술적 시스템도 D&I 감수성을 내포한 방향으로 설계되어야 한다.

(3) 리더십 역량과 D&I 감수성의 제도화

현장의 리더가 D&I의 성패를 좌우한다. 특히 중간관리자층은 조직 운영의 중심이자 문화적 전달자다. 이들은 일상적인 평가, 피드백, 회의 진행, 팀 구성 등 수많은 접점에서 다양성과 포용을 실천하거나 방해할 수 있다.

필요한 리더십 역량 강화 내용

- 무의식적 편견에 대한 자기 인식 훈련
- 심리적 안전감 형성을 위한 소통 기술(경청, 반영, 질문 중심 대화)
- 이문화, 세대차, 성 역할, 경력 단절 등 다양한 정체성 문제에 대한 사례 기반 코칭
- '공정하되 배려하는' 리더십의 전략적 균형 잡기

이러한 교육은 단순한 워크숍을 넘어 리더십 개발 프로그램(LDP)의 필수 모듈로 포함되어야 하며 평가·인사까지 연계되어야 효과가 있다.

(4) 구성원 참여 기반의 자율적 문화운동

포용은 강요한다고 되는 것이 아니다. 조직 구성원들이 자발적으로 참여하고 자신의 스토리로 연결되어야 지속 가능성이 생긴다. 특히 다음과 같은 자율적 문화 실천이 효과적이다.

실천 예시

- D&I 앰배서더, 사내 다양성 커뮤니티 운영
- 소수자 그룹의 스토리 인터뷰 콘텐츠 공유('당신의 이야기가 우리의 문화입니다' 캠페인)
- D&I 행동 선언 챌린지, 릴레이 문화 이벤트
- 소수자 관점의 시뮬레이션 게임 도입(예: 장애인 시점 체험, 언어 소수자 역할 플레이 등)

이러한 프로그램은 HR 주도가 아닌 구성원 중심의 설계와 실행을 통

해 조직 내 '심리적 주인의식'을 확산시키며 포용적 문화가 '나와 무관하지 않다'라는 인식을 만든다.

(5) 정기적 진단과 피드백 루프: 문화는 측정 가능해야 개선된다

모든 조직은 "우리는 공정하다."라고 믿고 싶어 한다. 하지만 진정한 공정성은 측정과 피드백을 통해서만 확보된다.

필요한 구조적 접근

- 정기적 D&I 조직문화 진단 도구 구축(정량+정성 데이터)
- 세대, 성별, 고용 형태, 근속 연차별 경험 격차 분석
- 실제 경험 기반 스토리 수집(심층 인터뷰, 설문 코멘트 등)
- 진단 결과를 팀 단위로 피드백하고 리더에게 실천 계획 수립 의무화

진단은 단지 현실을 드러내는 수단이 아니라 조직문화 개선의 나침반이다. 포용의 문화는 '측정 가능한 공정성'으로부터 신뢰를 얻는다.

미래를 위한 질문: AI 시대, 포용은 계속 필요한가?

- AI가 판단하고 평가하는 시대에 인간의 다양성과 정체성은 어떻게 보호되는가?
- 효율과 자동화를 넘어 조직은 '누구를 위한 시스템'을 설계하고 있는가?
- 조직은 구성원의 존재를 환영하는가, 아니면 적응을 강요하는가?

이 질문들은 단지 윤리적 선언이 아니라 문화 전략의 핵심이 되어야 한다. '모든 것을 데이터화할 수 있다'라는 믿음 속에서도 우리가 놓쳐선 안 될 유일한 가치가 있다면 바로 **사람에 대한 존중**이다.

맺음말

포용 문화를 여는 진정한 리더는 누구인가?

오늘날 D&I는 생존과 지속 가능성의 프레임 안에서 재해석되어야 한다. 그것은 단지 정체성 문제를 넘어 협업 방식, 고객 이해, 글로벌 감수성, 전략적 사고까지 아우르는 문화적 DNA다. 그리고 이 문화를 여는 열쇠는 바로 우리 자신이다. 리더로서 동료로서 조직문화의 설계자로서 우리는 묻고 실천해야 한다.

- 당신의 조직은 다양한 사람들의 존재를 진심으로 환영하고 있는가, 아니면 그저 그들이 조용히 적응하길 기대하는가?

- 포용의 문을 여는 리더는 누구인가?

- 그 문을 닫는 리더는 누구인가?

이 질문의 답을 찾는 여정에서 조직문화의 미래가 만들어진다. 그리고 그 미래는 지금 우리가 내딛는 '작은 실천'에서 시작된다.

성과를 만드는 조직의 뿌리:
성찰·사람·문화

5

1. 성과의 의미와 정의

조직에서 '성과'라고 말할 때 일반적으로 같이 연상되는 단어로 실적과 결과가 있다. 그렇다면 각각의 단어는 어떤 차이가 있을지 살펴보자. 먼저 '실적'은 어떤 일을 특정 기간 동안 해낸 행위로서의 결과물을 정성적·정량적으로 나타낸 것이라고 할 수 있다. 주로 매출·이익·생산량 등을 수치적 데이터를 포함해 나타낸다. "이번 분기 매출 실적은 ○○○로 전년 동기 대비 ○○% 증가했다."라고 말할 때 '실적'이라는 표현을 사용한다.

'결과'는 어떤 일이 끝났을 때의 최종 상태를 말한다. 실적과 비슷하지만 좀 더 넓은 맥락에서 사용될 수 있다. 흔히 "이번 프로젝트의 결과, 목표를 100% 달성했으므로 성공적이라고 할 수 있다."라고 말할 때 '결과'라는 표현을 사용한다. 즉, 어떤 프로젝트가 실패했든 성공했든 판단 보류든 상관없이 프로젝트가 마무리된 상태를 '결과'라고 표현할 수 있다. 마지막으로 '성과'는 최종적인 개념으로 사전에 기획한 프로젝트의 기대 목표와 조직에 미치는 영향까지 달성한 것을 말한다.

'결과'는 사전에 기획한 기대 목표와 상관없이 마무리된 상태를 말하지만 '성과'는 사전에 기획한 목표대로 반드시 달성되어야 한다는 데 그 차이가 있다. 요약하면 어떤 프로젝트를 해낸 행위의 산출물이 실적이고 그 산출물의 최종 상태가 결과이며 그 결과가 조직의 목적과 목표에 부합하는 기대 모습을 갖추고 조직에 영향을 미치는 상태가 성과다.

결론적으로 성과는 조직에서 각 개인의 지식·능력·태도 등을 포함한 개인 역량과 각 개인의 역량이 모여 만들어내는 팀 역량, 그리고 개인 역량과 팀 역량을 바탕으로 프로젝트 목표를 향해 행동하는 개인과 팀의 역할 수행, 이러한 수행의 결과로 나타난 실적이 조직이 기대한 목적과 목표에 부합하며 발전적 영향을 미칠 때 성과라고 할 수 있다.

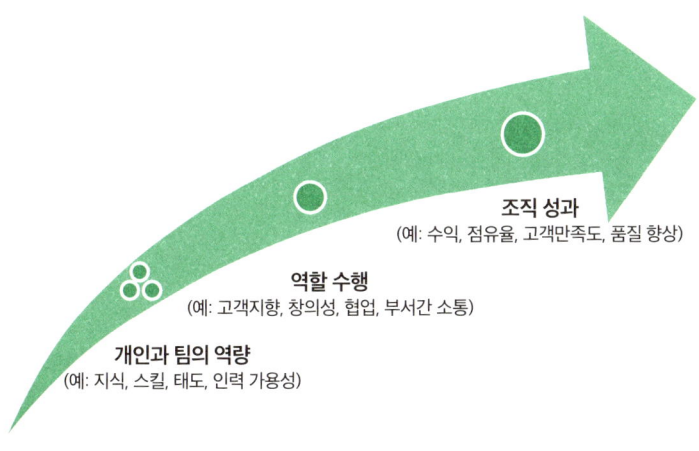

〈그림 5-1〉 개인과 팀의 역량이 성과에 이르는 과정

성과에 대한 질문

- 당신이 생각하는 우리 조직의 성과는 어떤 모습인가?
- 그 모습은 우리 조직에 어떤 유익함을 제공하는가?
- 그러한 모습이 되기 위해 내가 기여할 수 있는 것은 무엇인가?
- 지금 그려본 성과의 모습은 달성될 수 있는가?

2. 성찰을 통한 성장

대기업은 물론 중소기업까지 '성과'라는 단어는 우리 사회에서 너무나 익숙한 표현이다. 또한, 최근 몇 년 사이 '성장'이라는 단어도 자주 등장하고 있으며 ESG 경영의 확산과 함께 '지속가능한 성장'이라는 말이 일상어처럼 자연스럽게 쓰이고 있다.

국내 기업을 소개하는 인터넷 신문기사 제목에서 '성과'라는 표현도 빈번히 등장한다. 이전과 달리 주목할 점은 '성과'라는 단어의 앞뒤에 '지속가능'이라는 단어가 추가된 경우가 많다는 것이다. 즉, '지속가능 경영'과 '성과'라는 표현이 거의 함께 사용되고 있다고 해도 과언이 아니다.

"4년 연속 지속가능 경영 성과 담은 '2024 ESG 리포트' 발간"
"10년의 지속가능 경영 성과 담은 '2022 지속가능 경영보고서' 발간"
"ESG 성과 담은 '지속가능 경영보고서' 발간"

조직에서 흔히 사용하는 '성과'와 '성장'이라는 개념에 필자는 '성찰'이라는 개념을 더하고 싶다. 깊이 있는 의미를 담고 있는 '성찰'은 개인과 조직이 성장 기반을 다지고 바람직한 방향으로 나아가기 위한 목표를 설정하는 데 필수적인 기초공사와 같다고 생각한다. 따라서 이번 장에서는 성과와 성장에 더해 성찰의 중요성을 살펴보고자 한다.

첫째, 성과(Performance)는 조직이 기대한 목표에 부합하는 결과를 말하며 이는 중·장기적 계획 개념에서도 사용되지만 주로 연간 단위 사업계획이나 사업평가에서 많이 활용된다. 성과는 조직이 설정한 목표나 기대를 얼마나 효과적으로 달성했는지를 평가하는 중요한 개념으로 조직 전체, 팀, 개인 수준에서 모두 적용될 수 있으며 다양한 형태로 측정될 수 있다.

성과는 조직이 목표를 얼마나 잘 달성했는지를 나타내는 '효과성'과 자원을 얼마나 효율적으로 사용했는지를 나타내는 '효율성'으로 나누어 측정할 수 있으며 성과의 종류로는 기업의 수익·매출·비용·이익률 등을 포함한 재무적 성과와 고객 만족도, 직원 만족도, 브랜드 인지도와 같은 비재무적 성과가 있다. 또한, 일정 기간을 기준으로 측정되는 단기 성과와 장기 성과, 그리고 생산성·품질·비용 절감 등을 포함하는 운영 성과가 있다.

성과를 측정하는 대표적인 방법으로 기업체에서 주로 많이 사용하는 것은 KPI(Key Performance Indicators)와 OKR(Objectives and Key Results)이다. 하지만 단순히 측정하는 데 그치지 않고 이를 바탕으로 지속적인 개선과 발전을 추구하는 것이 중요하다.

둘째, 성장(Growth)은 매출이나 이익의 증가뿐만 아니라 조직이 장기적으로 규모를 확장하고 경쟁력을 강화하고 새로운 시장과 기회를 탐색하는 발전을 의미하며 여러 가지 형태로 나타날 수 있다.

조직이 지속적으로 높은 수익을 창출하고 시장에서 더 큰 점유율을 차지하며 주주들에게 더 많은 가치를 제공하는 재무적 성장이 있고 새로운 시장에 진출하거나 기존 시장을 확대하고 신제품을 출시하는 등의 시장 확대가 있다.

또한, 다른 기업을 인수·합병(M&A)하는 전략을 통해 단기간에 새로운 기술과 자원을 확보하는 기업 인수·합병도 성장의 한 형태다. 연구개발(R&D), 혁신, 인재 양성 등 조직 내부의 역량을 강화하는 것도 성장의 중요한 요소로서 내부 역량이 강화되면 기업은 더 큰 도전 과제에 대응할 수 있고 장기적으로 지속가능한 성장을 이루게 된다.

최근 조직에서 성장을 말할 때 매우 중요하게 다루는 것이 바로 '지속가능성(Sustainability)' 개념이다. 재무적 성과에 더해 장기적으로 환경·사회·거버넌스의 책임을 균형있게 운영해 지속가능한 성장을 이루는 것을 말한다.

2022년 7월에 시행된 우리나라의 지속가능발전 기본법에는 지속가능 개념과 관련해 다음과 같이 정의하고 있다.

'지속가능성'이란 현재 세대의 필요를 충족시키기 위해 미래 세대가 사용할 경제·사회·환경 등의 자원을 낭비하거나 여건을 저하시키지 않고 이들이 서로 조화와 균형을 이루는 것을 말한다.

'지속가능발전'이란 지속가능한 경제 성장과 포용적 사회, 깨끗하고 안정적인 환경이 지속가능성에 기초해 조화와 균형을 이루는 발전을 말한다.

'지속가능한 경제 성장'이란 지속가능한 생산·소비 구조 및 사회기반시설을 갖추고 산업이 성장하며 양질의 일자리가 증가하는 등 경제 성장의 산물이 모든 구성원에게 조화롭게 분배되는 것을 말한다.

'포용적 사회'란 모든 구성원이 존엄과 평등, 건강한 환경 속에서 자신의 잠재력을 실현할 수 있도록 경제·사회·문화적으로 공정하고 취약계층에 대한 사회안전망이 보장된 사회를 말한다.

이상과 같이 환경·사회·거버넌스 측면에서 조직의 책임이 중요해졌다. 단순한 성과에 집착하는 성장 모델은 장기적으로 환경파괴, 사회적 불평등, 경제적 불안정을 초래할 수 있는 반면, 지속가능한 성장 모델은 기업이 환경과 사회적 책임을 다하면서도 장기적으로 경제적 성과를 유지·강화할 수 있는 길을 제시한다. 따라서 지속가능한 성장만 기업이 장기적으로 지속하는 동시에 사회와 환경에 기여할 수 있는 길이 될 것이다.

앞에서 살펴본 '성과'와 지속가능한 '성장'(Growth)을 이루는 데 바탕이 되는 것은 '성찰'(Reflection)이라고 생각한다. 성찰은 자기반성과 학습을 통해 지속적인 개선과 발전을 추구하는 것을 의미한다. 즉, 성과를 이루고 성장하는 과정에서 있었던 조직의 행동을 되돌아보고 분석해 그 경험을 더 나은 방향으로 이끌기 위한 조직의 자산으로 만드는 과정이라고 할 수 있다.

성과와 성장은 성찰을 바탕으로 이루어진다. 일반적으로 조직의 성공은 성과로 측정하고 평가한다. 매출 증가, 시장점유율 확대 등의 수치적 목표 달성은 분명히 중요하다. 하지만 이러한 성과는 과거의 결과를 보여주는 지표일 뿐 미래의 성장을 보장하지는 않는다. 마치 한 그루 나무가 뿌리를 깊이 내리지 못하고 겉만 무성하게 자라는 것처럼 성찰 없이 이루어진 성장은 언젠가는 한계에 부딪히고 무너질 수밖에 없다.

그렇다면 조직에게 성찰은 무엇인가? 조직에게 성찰은 단순히 과거를 되돌아보는 것을 넘어 그 과정에서 얻은 교훈을 바탕으로 현재를 이해하고 미래의 성장을 설계하는 과정이다. 성찰은 조직이 지속적으로 성장하기 위해 반드시 거쳐야 할 중요한 과정으로 다음과 같은 측면에서 긍정적 영향을 미친다.

첫째, 성찰은 혁신의 촉매제로 작용한다. 과거 방식에 대한 고정관념을 깨고 창의적인 아이디어를 발굴할 수 있게 해 조직이 새로운 도약을 이루는 것을 돕는다. 마치 애벌레가 연못에서 벗어나 잠자리로 변신하는 과정과 같다고 할 수 있다.

둘째, 성찰은 조직의 강점과 약점을 명확히 파악할 수 있게 하고 이를 바탕으로 지속가능한 성장 전략을 수립하는 데 도움을 준다. 또한, 성찰은 구성원 간 원활한 소통을 촉진하고 건강한 조직문화를 형성하는 데 중요한 역할을 한다.

마지막으로 성찰은 경험을 체계적으로 분석하고 데이터화해 미래의 위기를 예측하고 대비할 수 있는 귀중한 경험 자산을 축적하게 한다. 이를 통해 조직은 더 단단하고 유연한 기반을 구축할 수 있다.

기업이 정량 데이터에만 의존해 모든 것을 결정할 수는 없을 것이다. 때로는 매우 중대한 기로에서 뭔가를 결정해야만 하는 상황을 맞는다. 이럴 때 유용한 것이 '직관'이다. 직관은 단순한 느낌이 아니다. 본능적 육감에 조직의 축적된 경험 자산이 더해져 더 정교해지고 정확해지는 것을 말한다(육감+경험 자산=직관력 증대).

성찰은 혁신과 지속가능성이라는 두 가지 중요한 개념과 밀접하게 연결되어 있다. 성찰은 혁신의 시작점으로 과거 방식에 대한 비판적 시각을 통해 새로운 아이디어를 발굴하고 혁신적 변화를 이끌어낼 수 있다. 성찰을 통해 조직의 사회적 책임과 환경에 대한 인식을 높이고 지속가능한 성장을 위한 목표를 설정할 수 있다.

성찰은 과거의 잘못을 들춰내 누군가를 평가하거나 판단하는 것이 아니다. 따라서 우리는 앞으로 '성찰'이라는 표현을 대할 때 고개 숙이고 반성하는 모습 대신 되돌아봄으로써 얻은 경험 자산을 갖고 미래를 위해 무엇을 할 수 있을지 생각하는 모습을 떠올려야 한다. 따라서 조직문화 담당자는 조직 구성원들이 성찰을 통해 스스로 성장하고 조직 전체의 발전에 기여할 수 있도록 다양한 프로그램과 시스템을 구축할 고민을 해야 한다.

그 일환으로 조직 구성원의 인식 변화를 위해 전문 코칭 프로그램을 적용해볼 것을 권하며 성찰을 주된 방향으로 하는 코칭 프로그램이라면 더 좋다고 생각한다. 코칭은 기본적으로 GROW(Goal, Reality, Options, Will) 모델을 기반으로 적극적 경청, 공감, 개방적 질문을 통해 구성원들의 잠재의식을 깨우는 과정으로 조직문화의 변화에 발전적 영향을 미치게 된다.

조직의 성찰을 돕는 질문

- 우리 조직은 어떻게 성장해왔는가?
- 과거의 성공과 실패 경험은 무엇이었는가?
- 우리는 지금 어디에 서 있는가?
- 현재 우리 조직의 강점과 약점은 무엇인가?
- 우리는 어디로 가야 하는가?
- 우리의 미션과 비전은 지속성장을 위해 유효한가?
- 유효하다면 어떻게 도달할 것인가?
- 우리에게 필요한 변화는 무엇인가?
- 그런 변화를 통해 우리는 지속성장을 할 수 있는가?

3. 인간 중심의 조직 휴먼 역량

인터넷 시대를 넘어 AI 시대에 접어들면서 조직의 환경은 그 어느 때보다 복잡하고 빠르게 변화하고 있다. 기술의 눈부신 발전, 글로벌화의 진전, 치열한 경쟁 속에서 기업이 지속적으로 성과를 내는 데 필수적인 핵심 요소 중 하나는 바로 조직 내부의 휴먼 역량이다.

그중에서도 강조하고 싶은 것이 '관계'다. 성과를 창출하고 성장으로 가는 과정에서 밑바탕이 되는 구성원 간 관계는 단순한 협업을 넘어 조직의 성패를 좌우하는 결정적 역할을 한다. 관계가 잘 형성된 조직은 서로 신뢰와 협력을 바탕으로 더 높은 성과를 달성할 수 있다고 생각한다.

미국 컨설팅 업체 리마커블!(Remarkable!)의 창업자 랜디 로스 박사는 관계의 중요성에 대해 자신의 저서 『앞서가는 조직은 관계에 왜 충실한가』에서 다음과 같이 주장한다. "관계는 성장의 촉매제다. 비즈니스에서 사람들은 성장하기를 원하고 기업들도 성장하기를 원한다. 하지만 성장은 건강한 관계의 부산물이다." 즉, 우리가 궁극적인 목표로 삼는 성장도 건강한 관계의 부산물이라고 말할 정도로 조직 내부에 건강한 관계가 형성되지 않으면 그것은 모래성과 같다.

얼마 전 필자가 속해 있는 SNS에 조직 내부의 관계가 어떤지 생각해보게 하는 글이 올라와 소개한다. 조직의 부서 회식비에 대한 내용이다. 일반적으로 기업체에서는 부서원 1인당 금액을 책정해 회식하도록 하는 복리후생비를 운영한다. 대부분 '부서원 수×○○○원=회식비'로 책정하는데 회식에 참석하지 않은 사람이 자신의 인원 수로 할당된 금액을 돈으로 달라는 글을 사내 게시판에 올렸다는 것이다. "이것에 대해 어떻게 생각하십니까?"라는 질문에 SNS에 여러 댓글이 달렸다고 한다. "말도 안 된다. 참석하지 않은 것은 자신이 결정한 것인데 그것을 돈으로 달라는 것은 지나치다.", "그럴 수도 있다. 1인당 책정된 금액이니 돈으로 줘야 한다.", "부서장이 회식비 관리를 잘못했다. 참석하지 않은 사람에게 다음날 커피라도 사줬더라면 좋았을 것 같다." 등 다양한 의견이 있었다.

필자도 오래 전 회식비와 관련해 비슷한 질문을 받았던 기억이 어렴풋이 난다. 그때 질문한 사람은 신입사원이었고 심각하지 않은 평범한 분위기에서 매우 단순하게 "회식에 참석하지 않으면 그 돈은 어떻게 해요?"라는 질문에 때마침 옆에 있던 팀장이 웃으며 "그러니까 회식에 참석해 같이 마시면 되지!"라고 대신 답하며 웃고 지나갔다.

앞에서 소개한 SNS 사례에서는 서로 말하지 않고 사내 게시판에 올렸고 뒤에서 소개한 필자의 경험은 그 신입사원이 여러 사람 앞에서 말했다는 것이다. 필자가 사내 게시판에 회식비 관련 글이 올라왔다는 내용을 SNS로 접했을 때 이 조직은 부서 내 소통에 문제가 있을 거라고 생각했다. 그런 상황이라면 보통 팀장에게 직접 말하거나 팀원들이 함께 있는 자리에서 말하지 굳이 사내 게시판에 올릴 정도라면 소통이 막혀 있을 거라는 생각이 들었기 때문이다.

필자가 오랫동안 조직에서 일하면서 얻은 깨달음 중 하나는 우리가 살아가면서 겪을 수 있는 평범한 갈등 소재는 규정이나 법에 문제 해결을 요청하기 전에 대화로 풀 수 있는 것들이 대부분이라는 것이다. 따라서 사내 게시판에 본인의 회식비 몫을 달라는 글을 올렸다는 것은 부서 내에서 서로 관계 형성에 문제가 있는 것으로 추측되었다. 우리는 초등학교, 중·고등학교, 대학, 그리고 남성은 군대라는 조직을 거치며 선택지 4~5개 중에서 정답 하나만 고르는 교육을 집중적으로 받아왔다. 하지만 우리가 사는 세상은 정답이 하나만 있는 단순하고 경직된 세상이 아니다.

2024년 5월 한국직업능력연구원이 20~50대 재직자들의 소프트 스킬(soft skills)에 대한 인식을 조사해 발간한 「재직자들의 소프트 스킬에 대한 인식과 교육훈련 경험 분석」이라는 제목의 보고서에 따르면 업무에서 소프트 스킬이 차지하는 비중이 65% 이상이라고 응답한 재직자 비율은 직종에 따라 30~37%로 비교적 높게 나타났다. 반면, 소프트 스킬의 중요도와 자신이 보유한 능력에 대해서는 상대적으로 낮게 평가한 것으로 나타났다. 소프트 스킬 교육훈련 경험을 분석한 결과, 수강 경험이 있다고 응답한 비율은 관리직·전문직에서는 69.5%, 사무직에서는 60.7%로 높게 나타난 반면, 조작·조립·기능직과 기타 직종에서는 60.4%와 75.2%로 높게 나왔다. 이에 보고서는 디지털 전환으로 더 고차원적인 소프트 스킬이 요구됨에 따라 재직자들에게 소프트 스킬의 개념과 중요도에 대한 인식 세고와 직종별 직무 특성에 적합한 교육훈련 제공이 요구된다고 제안하고 있다.

한국직업능력연구원 보고서에서는 소프트 스킬을 '개인이 독립적으로 또는 다른 사람들과 협력해 업무를 효과적으로 수행할 수 있는 능력을 의미하며 근로자의 특성, 습관과 태도 등을 포함함'이라고 정의하고 있다. 즉, 소프트 스킬이란 타인과 협력하는 능력, 문제 해결 능력, 감정을 조절하는 자기 제어, 의사소통 능력, 리더십, 회복 탄력성 등을 말한다.

미국의 사회심리학자 로버트 카츠는 초급 관리자에서 중간 관리자를 거쳐 최고 관리자에게 필요한 기술을 기술적 스킬(Technical skills), 휴먼 스킬(Human skills), 개념화 스킬(Conceptual skills) 세 가지로 분류했다. 기술적 스킬은 특정 전문 분야와 관련된 능력으로 방법·절차·기법 등을 포함한 활동에 대한 능숙함을 말한다. 휴먼 스킬은 자기이해, 타인이해, 의사소통, 공감, 경청 등으로 표현되는 것으로 주변사람들과 효과적으로 상호작용하는 능력이라고 할 수 있다.

마지막으로 개념화 스킬은 전체적으로 보는 능력을 말한다. 조직에서 일부분의 변화가 다른 모든 부분에 어떤 영향을 미치는지, 개별 사업과 산업, 국가 전체의 정치적, 사회적, 경제적 힘의 관계를 보는 능력, 이러한 관계를 인식하고 어떤 상황에서 무엇이 중요한지 파악하는 전체적인 조망 능력이라고 할 수 있다. 로버트 카츠의 이러한 주장은 다음과 같이 표현된다.

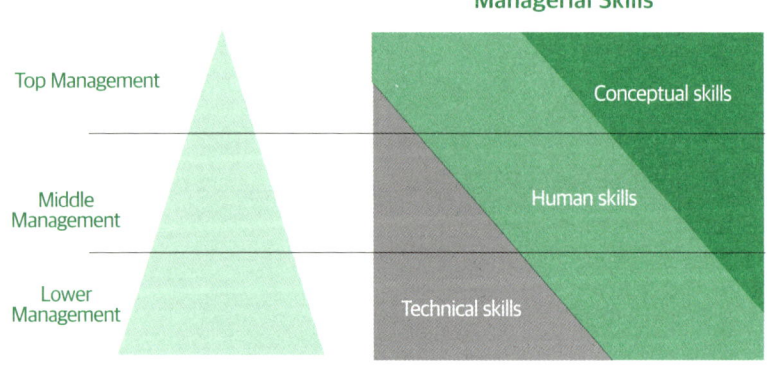

〈그림 5-2〉 로버트 카츠의 효과적인 관리자 스킬

지금 우리는 너무나 빨리 변화하는 인공지능 시대를 살아가고 있다. 따라서 특히 눈여겨볼 부분은 휴먼 스킬이라고 생각한다.

〈그림 5-2〉에서 왼쪽 삼각형과 오른쪽 사각형 그림에 각 관리자 별로 가로선이 그려져 있어 그 영역의 스킬이 중요하게 부각되어 있다. 하지만 오른쪽 사각형 그림을 보면 휴먼 스킬이 가운데 있고 더 자세히 보면 각 단계에서 관리자에게 필요한 한 가지 스킬과 나머지 두 가지 스킬의 면적의 합이 거의 같다는 것을 알 수 있다.

따라서 필자는 〈그림 5-2〉를 〈그림 5-3〉으로 재해석해 휴먼 스킬이 다른 스킬과 똑같은 가치가 있다고 주장한다. 또한, 휴먼 스킬은 관리자뿐만 아니라 조직의 일반 사원에게도 필요하다고 생각한다.

조직에서 누군가가 완전히 독립적으로 일하는 경우는 거의 없고 서로 연결되어 있으며 사원이든 관리자든 최고 경영진이든 서로 영향을 주고받으며 일해나가기 때문이다.

따라서 휴먼 스킬은 다르게 표현하면 영향력이라고 할 수 있으며 이것은 관리자들에게만 필요한 역량이 아니라 구성원 누구든지 조식의 목표를 이루어가는 과정에서 주변사람들과 설득·협력하며 상호교류하므로 모든 구성원들이 갖추어야 할 역량이라고 생각한다.

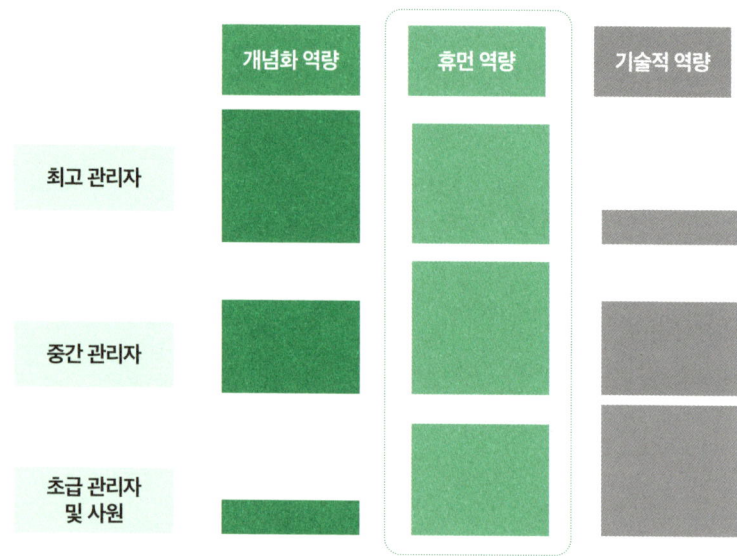

〈그림 5-3〉 로버트 카츠의 효과적인 관리자 스킬 재해석

앞에서 말한 랜디 로스 박사의 관계, 회식비 사례, 한국직업능력연구원의 소프트 스킬, 그리고 로버트 카츠의 관리자 스킬 재해석을 함축해 표현하면 휴먼 역량이라고 할 수 있다. 성과를 내고 지속성장하는 조직이 되기 위해서는 사원부터 최고 경영진에 이르기까지 휴먼 역량을 갖추어야 한다고 생각한다.

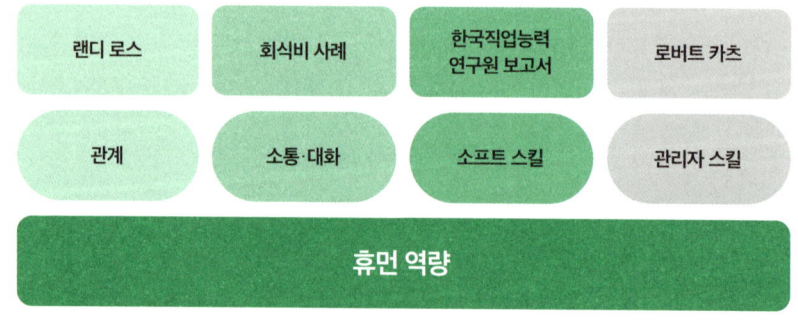

〈그림 5-4〉 휴먼 역량

조직의 휴먼 역량에 대한 질문

- 우리 조직은 소통과 협업이 잘되는 조직이라고 생각하는가?
- 우리 조직 개개인의 활동은 주변에 영향을 미치고 있다고 생각하는가?
- 우리 조직 구성원들은 상대방과 대화하는 데 적극적이라고 생각하는가?
- 우리 조직 구성원들은 상대방의 이야기를 경청한다고 생각하는가?
- 우리 조직 구성원들은 상대방이 처한 상황을 서로 알고 있다고 생각하는가?

4. 심리적 안전감이 성과에 미치는 영향

2022년 1월 27일 '중대재해처벌 등에 관한 법률'이 시행되었다. 일반적으로 '중대재해처벌법' 또는 '중처법'이라고 줄여 표현하고 있다. 이 법은 중대재해에 대해 중대 산업재해와 중대 시민재해로 정의하고 있으며 사망·부상·직업성 질병 등을 구체적으로 설명하고 있다.

즉, 안전·보건 조치 의무를 위반해 인명피해를 발생시킨 사업주, 경영책임자, 공무원, 법인의 처벌 등을 규정함으로써 중대재해를 예방하고 시민과 종사자의 생명과 신체를 보호하는 것을 목적으로 하고 있다.

한편, 근로기준법 제76조에서는 '직장 내 괴롭힘의 금지에 관한 법률'로서 "사용자 또는 근로자는 직장에서의 지위 또는 관계 등의 우위를 이용하여 업무상 적정 범위를 넘어 다른 근로자에게 신체적·정신적 고통을 주거나 근무환경을 악화시키는 행위를 하여서는 아니 된다."라고 규정하고 있다.

여기에 더해 민법 제756조 '사용자의 배상책임' 조항에서는 "타인을 사용하여 어느 사무에 종사하게 한 자는 피용자가 그 사무집행에 관하여 제3자에게 가한 손해를 배상할 책임이 있다."라고 명시함으로써 사용자의 배상책임에 대해 규정하고 있다.

또 다른 법률인 '산업안전보건법' 제5조 ①항 2호에는 '근로자의 신체적 피로와 정신적 스트레스 등을 줄일 수 있는 쾌적한 작업환경의 조성 및 근로조건 개선'에 대한 이행을 규정하고 있다.

이상으로 살펴본 네 가지 법률에 따라 기업 조직이나 각종 단체, 정부기관 등 사람들이 목적을 갖고 단체를 이루어 모인 곳에서는 구성원들의 신체적 안전 보장과 정신적 건강을 보호하는 것을 법률로 규정하고 있다. 즉, 중대재해처벌법이나 근로기준법 제76조, 민법 제756조, 산업안전보건법 제5조를 살펴보면 조직은 업무에서 발생할 수 있는 신체적 위험이나 정신적 스트레스에 대처할 것을 규정하고 있는 것이다.

안전 관련 법률을 살펴보면서 필자는 네 가지 법률 중에서 어떤 법률의 내용에 '심리적 안전감'에 대한 개념이 들어갔으면 좋겠다고 생각했다. 그렇게 생각한 이유는 조직이 지속가능한 성장을 이루기 위해 성과 목표를 추진하면서 성장으로 가는 과정에서 구성원들의 심리적 안전감이 성장에 큰 영향을 미칠 것이라고 생각하기 때문이다.

'심리적 안전감'에 대해 하버드대 경영대학원 교수인 에이미 에드먼슨 Amy C. Edmondson은 자신의 저서 『두려움 없는 조직(The Fearless Organization)』에서 다음과 같이 정의하고 있다. "심리적 안전감은 사람들이 자신을 표현하는 데 편안한 분위기로 광범위하게 정의된다.

더 구체적으로 사람들이 직장에서 심리적 안전감을 가질 때 그들은 당혹감이나 보복을 두려워할 필요 없이 우려와 실수를 편안히 공유할 수 있다.

그들은 자신이 목소리를 내더라도 굴욕을 당하거나 무시당하거나 비난받지 않을 것이라고 확신한다. 그들은 뭔가에 대한 확신이 서지 않을 때(의문이 있을 때) 질문할 수 있다고 생각한다. 그들은 동료를 신뢰하고 존중한다.

직장 환경에 상당히 높은 심리적 안전감이 있을 때 좋은 일이 생긴다. 실수는 신속히 보고되어 즉각적인 시정 조치를 취할 수 있고 그룹 또는 부서 간 원활한 조정이 가능하며 혁신을 위해 잠재적으로 획기적인 아이디어가 공유된다."

요약해 쉽게 풀어보면 심리적 안전감은 구성원들이 조직에서 자신의 의견을 편안히 표현할 수 있는 분위기를 의미하며 상위자의 생각과 반대되는 의견을 표명했다는 이유로 주변사람들의 눈총을 받거나 창피를 느끼거나 혹시 '미운 털 박히지 않을까?'라는 두려움이 없는 매우 편안한 분위기를 말한다.

조직 구성원 누구라도 자신의 의견을 개진하는 것이 심리적으로 자유롭고 편안하고 의견을 말하거나 질문하는 것이 두렵지 않은 상태에 있다는 것이다.

이러한 편안함은 구성원 간 신뢰와 존중을 높여주고 혹시 잘못된 것이 있더라도 그것을 숨기지 않고 보고하며 즉시 전파해 시정 조치가 가능케 함으로써 궁극적으로 조직은 중요한 경험 자산을 축적하게 만드는 것이다.

'심리적 안전감'의 의미를 생각하면서 각 개인이나 한국의 많은 조직들이 그동안 걸어온 길을 되돌아보면 남의 눈치를 많이 보면서 살아온 것 같다는 생각이 든다. 기업조직은 정권이 바뀔 때마다 정권 눈치를 보았을 것이고 개인들은 정답 찾기 교육과 가정에서의 서열 문화의 영향을 많이 받았기 때문이라고 생각한다.

정답 찾기 문화에 대해 좀 더 이야기해 보겠다. 우리는 아동기에서 청소년기로 넘어가는, 가치관이 형성되는 가장 중요한 시기에 하나의 정답만 찾는 교육을 받아왔다고 해도 과언이 아니다. 정답을 맞추려고 늘 고민하며 자라왔다. 공부하기 위해 구입한 참고서 이름은 '표준 전과', '표준 수련장', '동아 전과'였고 책 뒤에는 항상 '정답지'가 부록과 함께 붙어 있었다. '표준'이라는 제목 안에 "정답은 이거다."라는 의미가 들어 있는 것이다. 그리고 여름방학, 겨울방학을 시작할 때 학교에서 나눠주던 학습지도 며칠 사이 어디선가 정답지를 만들어 암암리에 문구점에서 팔았다. 한 달 치씩 밀려 썼던 그림일기의 내용란에는 '보람 있는 하루였다', '넘어져 아팠지만 씩씩하게 참았다', '비뚤어진 마음을 반성했다', '내일부터는 더 열심히 해야겠다'라는 정답 반성문이 가득했다. 정답만 진리이고 정의이고 성공이었다.

약 20여 년 전 어느 연설에서 들었던 말처럼 밥이라도 먹고 살기 위해 그저 바람부는 대로 물결치는 대로 눈치 보면서 모난 돌이 되어 정을 맞지 않기 위해 꾸준히 주위 눈치를 보고 하고 싶은 말을 억누르면서 무슨 말을 해야 윗사람이 좋아할지 살피면서 살아왔다.

특히 남성들은 군대생활을 하면서 대부분 듣는 말이 있다. '눈치껏 잘해라'다. 복학해 남은 학기를 마치고 졸업해 사회 조직의 구성원이 되어 생활하면서 이 말을 또 듣게 된다. "네가 하고 싶은 것을 말하기보다 윗분이 좋아할 만한 것을 잘 찾아내 말하는 게 좋을 거야."

필자도 30년 전 사회 초년생 시절에 이런 말을 들었다. 어쩌면 우리는 이미 에드먼슨 교수가 말하는 '심리적 안전감'과는 거리가 먼 문화에서 살아왔다고 생각된다. 지금까지 정답만 찾고 눈치보며 '심리적 불안전' 상태에서 잘 버텨왔지만 이제 더 이상 '정답과 눈치' 문화는 통하지 않는다.

현재 한국 사회가 정체의 늪에 빠져 경제성장률이 하락하는 기저에 눈치보면서 정답만 말해야 하는 문화가 단단히 뿌리박혀 있지 않은지 살펴봐야 한다고 생각한다.

성과와 심리적 안전감의 관계 연구는 세계적 기업인 구글의 연구를 통해 알 수 있다. 구글은 2012년부터 2016년까지 180개 팀의 특성과 성과의 상관관계에 대해 최고의 성과를 내는 팀워크의 핵심을 분석하는 '아리스토텔레스 프로젝트'를 진행했다. 이 프로젝트는 그리스 철학자 아리스토텔레스가 자신의 저서 『형이상학』에서 주장한 "전체는 부분의 합보다 크다."라는 명제를 입증하기 위해서였다.

이 개념을 쉽게 설명하기 위해 흔히 '1+1=3', "백지장도 맞들면 낫다."라는 비유를 들거나 건축물을 예로 들어 설명할 수 있다. 디자인이 아름다운 건축물을 만드는 데 사용된 각각의 건축자재는 그것들이 모여 건축물을 이룰 때 각각의 자재로서의 기능이 아니라 디자인·실용성·예술성 등 단순 합 이상의 가치를 갖게 되는 것이다.

아리스토텔레스 프로젝트에는 심리학자, 사회학자, 엔지니어, 인류학자 등 다양한 분야의 전문가들이 참여했는데 구글의 180개 팀 인터뷰와 분석을 통해 밝혀진, 높은 성과를 내는 팀이 가진 다섯 가지 요소는 IT 기반의 기술적 요소가 아니라 심리적 안전감(Psychological Safety), 신뢰감(Dependability), 조직구조와 명확성(Structure & Clarity), 의미(Meaning), 영향력(Impact)이었다고 한다.

물론 이러한 결과가 기술적 요소가 중요하지 않다는 뜻은 아니다. 기업이 성과를 내려면 당연히 기술이 필요하다. 하지만 우리가 집중하는 기술적 자산 이외에 눈에 보이지 않는 중요한 무형자산이 있다는 것이다. 필자는 그중에서 가장 중요한 것은 '심리적 안전감'이며 이것은 나머지 네 가지 요소의 기초라고 생각한다.

각각에 대해 좀 더 자세히 살펴보자. 첫째, 심리적 안전감은 에이미 에드먼슨 교수가 말했듯이 조직 구성원 자신이 조직에 기여하고 있고 이떠한 의견을 말하더라도 비난받거나 곤란해지지 않을 것이라고 느끼는 것을 말한다.

둘째, 신뢰감은 어떤 프로젝트를 수행하는 경우, 구성원들이 각자 맡은 역할과 업무를 계획된 시간 안에 달성하기 위해 최선을 다하고 있다고 서로 믿으며 프로젝트가 적기에 완성되도록 한다는 것이다. 만약 그런 신뢰감이 없다면 구성원들은 프로젝트 진행 도중에 진행 상황이나 결과에 대해 서로 책임을 전가하려고 핑계를 찾고 회피한다는 것이다.

셋째, 조직구조와 명확성이다. 이것은 팀 구성원들이 역할·계획·목표를 명확히 알고 있고 목표 달성을 위해 자신과 팀이 역할을 다할 가치가 있다는 생각을 충족시키는 프로세스가 갖추어진 것을 말한다. 간단히 요약하면 높은 성과를 내는 팀은 다른 팀들보다 역할과 책임(Roles & Responsibility, R&R)이 명확했다고 할 수 있다.

넷째, 일한다는 것이 팀 구성원 개개인에게 중요한 의미가 있는 것을 말한다. 경제적 측면에서 안정성 확보가 중요하며 자신이 맡은 업무가 팀의 목표 달성을 돕고 있고 자신의 발전에도 도움이 된다고 말하는 것으로 생각된다. 이처럼 높은 성과를 내는 팀의 구성원들은 자신이 맡은 업무에 중요한 의미를 부여하고 있다는 것이다.

다섯째, 높은 성과를 내는 팀일수록 구성원 자신이 맡은 역할과 업무 수행이 미치는 영향이 조직이 성과를 내고 변화를 만드는 데 중요하다고 믿는 것이다. 즉, 자신이 하는 일이 조직의 성과 목표 달성에 중요한 기여를 하고 있다고 강하게 믿는 것이다.

이번 장에서는 성과와 심리적 안전감이라는 내용으로 안전 관련 법률부터 시작해 에이미 에드먼슨 교수가 말하는 '심리적 안전감'에 대해 알아보았다. 그리고 한국 사회의 경제성장률 하락의 기저에 정답 찾기와 눈치보기 문화가 자리잡고 있는지도 살펴보았다. 더불어 성과와 심리적 안전감 연구로 구글의 사례를 통해 높은 성과를 내는 조직은 심리적 안전감을 갖고 있다는 것을 알 수 있었다.

1945년 광복 이후 전쟁, 산업화, 민주화를 거치면서 안전 관련 법률과 사회적 논의에도 불구하고 '심리적 안전감'이라는 화두는 학자나 관심 있는 일부에서만 논의되는 현실을 되돌아보면서 현재 우리가 소속된 조직은 어떤지 살펴보는 것이 좋겠다고 생각한다.

다음 질문은 에이미 에드먼슨 교수가 자신의 저서 『두려움 없는 조직』에서 소개한 심리적 안전감 측정에 대한 것이다. R 표시는 역방향 질문임을 감안하고 자신이 속한 조직에 간단히 적용해보면 좋을 것 같다.

조직의 심리적 안전감에 대한 질문

- 팀에서 실수를 저지르면 당신에게 종종 불리하게 작용한다 (R)
  매우 동의함 1 -- 2 -- 3 -- 4 -- 5 -- 6 -- 7 동의하지 않음
- 팀 구성원들은 어려운 문제들을 제기할 수 있다.
  매우 동의함 1 -- 2 -- 3 -- 4 -- 5 -- 6 -- 7 동의하지 않음
- 팀에 소속된 사람들은 다르다는 이유로 때때로 다른 사람들을 거부한다.(R)
  매우 동의함 1 -- 2 -- 3 -- 4 -- 5 -- 6 -- 7 동의하지 않음

- 팀 구성원들은 위험을 감수해도 안전하다고 느낀다.

  매우 동의함 1 -- 2 -- 3 -- 4 -- 5 -- 6 -- 7 동의하지 않음

- 다른 팀원에게 도움을 요청하는 것이 어렵다.(R)

  매우 동의함 1 -- 2 -- 3 -- 4 -- 5 -- 6 -- 7 동의하지 않음

- 팀의 어느 누구도 의도적으로 내 노력을 방해하는 행동을 하지 않을 것이다.

  매우 동의함 1 -- 2 -- 3 -- 4 -- 5 -- 6 -- 7 동의하지 않음

- 팀 구성원들과 함께 일하면서 나의 독특한 기술과 재능이 소중히 여겨지고 활용되고 있다고 느낀다.

  매우 동의함 1 -- 2 -- 3 -- 4 -- 5 -- 6 -- 7 동의하지 않음

5. 회식과 조직 성과의 연관성

필자는 약 30여 년 전 회사 생활을 처음 시작했다. 회사에 들어가면 회식을 많이 한다고 들었는데 예상한 대로 회식을 많이 했고 참석은 거의 의무였다. 이번 장에서는 제목처럼 '회식'이라는 주제로 조직에서 회식과 성과의 연관성을 살펴보고자 한다. 일반적으로 '회식'하면 화합, 끈끈함, 어우러짐 등의 키워드가 연상된다. 필자가 회사에 첫 발을 들여놓고 회식을 하면서 예상치 못한 모습에 당황스러웠던 경험을 소개하겠다.

관리자 회의 때 필자는 뒷좌석에 배석해 회의 모습을 지켜볼 기회가 몇 번 있었다. 그런데 그 회의에서 구매부, 자재부, 품질관리부 등의 부서장들은 자기 부서 이야기만 하면서 거의 싸움에 가까운 논쟁을 벌이는 것이었다. 원수들 간 다툼과 비교해도 손색 없는 수준이었다. 도대체 무엇을 위해 저렇게까지 치열하게 싸우는지 도무지 알 수 없었다.

그렇게 치열하게 다툰 사람들이 바로 그날 저녁 모여 회식을 한다는 것이었다. 그리고 필자에게도 같이 가자는 연락이 왔다. 오후 회의 시간 내내 원수처럼 싸우다가 곧바로 저녁 때 회식을 한다고? 회식 장소에 가면서도 도저히 이해되지 않는 상황에 혼란스러웠다.

그런데 더 놀라웠던 것은 그런 원수 같은 사람들이 밥과 술을 앞에 두고 서로 입장을 잘 이해한다는 듯 화합의 목소리로 회사의 성과를 위한 매우 건설적인 이야기를 나눈다는 것이었다.

'아니! 이럴 거면 불과 3~4시간 전에는 왜 그렇게 싸운 거지?' 혼란에 혼란이 더해지는 순간이었다. 하지만 혼란스러움은 필자의 직장생활 경험 부족 때문일 거라고 생각을 고치고 이제 이렇게까지 서로 이해하고 진솔한 대화를 나누었으니 며칠 후 있을 회의에서는 회사의 성과를 낼 멋진 목표가 나오고 화합하는 분위기 속에서 회의가 진행될 것이라고 생각했다.

며칠 후 다시 회의가 열렸고 며칠 전 머릿속에 떠올랐던 장밋빛 회의 모습의 정반대 장면을 접하게 되었다. 필자는 또 다시 혼란에 빠졌다. 그리고 이런 다툼 회의, 화합하는 듯한 회식이 몇 번 똑같이 반복되었다. 필자는 복잡한 생각에 빠졌다.

'회의를 하는 것은 그나마 최소한의 업무상 정보 교류를 위해 한다고 치더라도 도대체 회식은 왜 하는 건가? 단순한 위로인가? 예산을 쓰기 위해 하는 건가? 다른 회사도 회식을 하니까 우리도 그냥 하는 건가? 회식을 하면서 구성원들이 얻는 것은 무엇인가? 조직에 어떤 이점이 있는가? 조직의 성과와 어떤 연관이 있는가?' 등 회식에 대한 생각이 확장되었다.

물론 지금 이 글을 읽으시는 독자님들이 회식을 하면서 가졌던 느낌과는 다를 수 있다. 그럼에도 불구하고 지금 이 시간에도 많은 직장인들이 원하든 원치 않든 회식을 하고 있을 것이다.

첫 직장생활로부터 30년 가까이 흐르고 나서 필자가 심리학을 접하면서 이런 상황을 조금은 이해하게 되었다. 심리학자 구스타프 융$^{Carl\ Gustav\ Jung}$에 따르면 인간은 천 개의 '모습'(Persona)을 가지고 있어 그때그때 상황에 따라 적절한 페르소나를 쓰고 관계를 이루어간다고 한다.

자신과 사회와의 타협인 셈이다. 그렇다면 회식은 조직에 어떤 이점이 있을까? 회식과 조직 성과의 관계 연구 자료를 찾다가 코넬대 케빈 킨핀과 그의 동료들이 연구한 자료를 발견했다.

'소방서에서 함께 식사하기: 직장의 공동체 의식은 소방관의 성과와 어떤 관련이 있는가'라는 연구 자료다. 하지만 이 사례를 한국의 회식 문화와 직접 연결하는 것은 무리일 것 같다. 서로 문화가 다르고 케빈 킨핀의 연구는 한국의 일반적인 회식이 아니라 함께 식사하는 것과 성과에 초점이 맞춰져 있기 때문이다. 그럼에도 불구하고 함께 뭔가를 먹는다는 것의 의미를 엿볼 수 있겠다고 생각해 소개하겠다.

그들이 연구한 내용은 다음과 같다. 약 15개월 동안 395명의 소방서 관리자에게 소방관들이 얼마나 자주 함께 식사하는지 물어본 결과, 함께 모여 식사하는 소방대원 팀이 혼자 식사하는 소방대원 팀보나 업무 성과가 높다는 것을 알게 되었다고 한다.

케빈 킨핀은 "함께 식사하는 것은 사회적 접착제로 기나긴 원초적인 전통을 가지고 있다."라고 했고 직장 동료들이 함께 식사하는 친밀한 행위가 향상된 팀 성과와 긍정적인 상관관계가 있다는 점을 강조한다고 연구에서 말하고 있다.

그렇다. 맞는 말이다. 인간이 음식을 나눠 먹는 것은 친밀감을 형성하는 행위임에 틀림없다. 그렇다면 회식이 거의 없던 코로나 시기에는 친밀도가 더 떨어졌을까?

필자는 그렇지 않다고 생각한다. 오히려 이 시기에 직장인들은 가족과 평안한 시간을 더 갖게 되었고 직장에서는 서로 좀 더 객관적으로 바라볼 여유가 생겼을 것이라고 생각한다. 이러한 평안함과 여유는 직장인들의 정신건강에 큰 도움이 되었을 것이라고 생각한다.

우리의 회식 문화를 생각하면서 주변을 둘러보자. 미국, 유럽, 중국, 동남아 등 세계 여러 나라를 아무리 둘러봐도 우리나라 같은 회식문화를 가진 나라를 찾아보기 힘들다. 유일하게 일본이 비슷한 면이 있다. 흔히 '회식'하면 한 번쯤 이런 말을 들어봤을 것이다.

"자! 한 잔씩 하면서 허심탄회하게 이야기해봐!" 그렇게 말하는 사람은 대부분 조직의 리더였을 것이다. 조직 안에서 소통이 안 되고 있다는 증거다. 조직 내에서 소통되어야 할 목소리를 음식과 술의 힘을 빌린 비공식적인 자리에서 말하고 듣는 문화는 언제 생겼을까? 아마도 우리가 겪어온 일제강점기, 전쟁, 산업화, 독재 시대 등을 거치면서 생겼다고 생각한다.

이 시대들의 일부에 필자도 살짝 걸쳐 있다. 더욱이 필자의 부모님 세대는 어둠, 공포, 발전, 억압의 힘든 시대를 관통하며 김치 한 조각에 소주 한 잔을 털어 넣으며 버텨 오셨을 것이다. 기업 조직에서는 하루 12시간씩 일을 시키려면 노동자들을 위로해주고 다독거리면서 끌고 가야 했을 테니 가끔 음식과 술을 사주었을 것이다. 이렇게 힘든 시대를 겪어오면서 오늘날의 회식문화가 서서히 자리잡았을 것으로 생각된다.

1965년경 소주 도수는 35도였다고 한다. 이후 조금씩 떨어져 30도가 되었고 1970년대 들어오면서 25도가 되어 장기간 유지되다가 이후 조금씩 떨어져 20도, 16도가 되었다. 1965년부터 60년이 흘렀고 독하고 끈끈한 35도의 세상은 편안하고 부드러운 16도의 세상이 되었다.

앞에서 살펴보았듯이 애초에 '회식'은 기업 조직에서 성과를 바라는 정책은 아니었을 것이다. 힘든 시대를 살아가기 위한 위로였고 끈끈하게 뭉치고 어울리게 해 결속력을 다지는 수단이었을 것이다. 35도 세상이 16도 세상이 되었고 앞으로 10도, 5도도 나올 수 있다.

따라서 현 시대의 기업 회식은 조직의 성과와 별 연관성이 없다는 것이 필자의 생각이다. 그러므로 굳이 회식 제도를 유지할 생각으로 바람직한 회식 지침을 만들기 위해 고민하기보다 조직 구성원들이 정말 자유롭게 선택하도록 그냥 놔두는 것이 어떨까? 이렇게 자유롭게 생각하고 행동하도록 놔두면 자유로움으로부터 창의적이고 새로운 질서가 형성될 것으로 기대된다.

회식에 대한 구성원들의 생각을 간단히 들어보는 것이 좋겠다. 너무 의미를 두지는 말자. 어떻게 생각하는지 가볍게 들어보자.

회식에 대한 나의 생각

- 나는 우리 조직에서 회식이 반드시 필요하다고 생각한다.

  매우 동의함 1 -- 2 -- 3 -- 4 -- 5 -- 6 -- 7 동의하지 않음

- 나는 회식이 우리 팀의 성과와 연관성이 있다고 생각한다.

  매우 동의함 1 -- 2 -- 3 -- 4 -- 5 -- 6 -- 7 동의하지 않음

- 나는 솔직히 회사 회식에 참석하고 싶지 않다.

  매우 동의함 1 -- 2 -- 3 -- 4 -- 5 -- 6 -- 7 동의하지 않음

- 나는 서로 마음이 맞는 편한 사람과 회식하고 싶다.

  매우 동의함 1 -- 2 -- 3 -- 4 -- 5 -- 6 -- 7 동의하지 않음

- 나는 회식이 없더라도 업무 관련 소통을 잘 할 수 있다.

  매우 동의함 1 -- 2 -- 3 -- 4 -- 5 -- 6 -- 7 동의하지 않음

6. 조직문화와 성과의 선후 관계

우리는 '닭이 먼저일까, 계란이 먼저일까?' 한 번쯤 생각해본 적이 있다. 마찬가지로 조직에서 조직문화를 담당하는 분이라면 조직문화와 성과의 선후 관계를 한 번쯤 생각해본 적이 있을 것이다. 조직문화가 먼저일까? 성과가 먼저일까? 조직문화가 성과를 이끄는가? 성과가 조직문화를 이끄는가? 조직문화와 성과의 선후 관계는 오랫동안 토론의 주제가 되어 왔다.

성과의 중요성을 앞세우는 주장에 따르면 성과가 좋아야 보너스도 받고 분위기도 좋아지고 일하고 싶은 동기도 높아진다는 것이다. 반면, 조직문화가 먼저라고 말하는 사람들은 조직문화가 성과 목표와 잘 정렬되어 형성되어야 일관된 방향으로 나가면서 성과를 낸다고 주장한다.

이 책을 읽으시는 여러분의 생각은 어떤가요? 자신이 소속된 조직은 어느 것이 먼저라고 생각하나요? 조직문화와 성과는 관련이 없다고 생각하는 분들도 혹시 계신가요?

2015년 4월 「조직행동」 저널에 실린 조직문화와 성과의 선후 관계 연구 결과를 소개하겠다. 제목은 '조직문화와 성과 중 어느 것이 먼저일까요? 자동차 대리점의 인과적 우선순위에 대한 종단적 연구'로 에이온 휴잇 컨설팅 회사의 리더십 및 평가 분야 연구원 앤서니 보이스(Anthony S. Boyce)가 자신의 동료들과 연구한 결과다.

이들의 논문은 조직문화와 성과의 인과관계를 분석한 것으로 조직문화가 성과에 선행하는지, 아니면 성과가 조직문화에 영향을 미치는지, 아니면 두 변수 간에 상호관계가 존재하는지 알아보기 위해 2000년부터 2005년까지 5년 동안 95개 프랜차이즈 자동차 판매점에서 수집한 데이터를 분석했다.

분석 결과, 조직문화가 성과에 선행하며 특히 고객 만족도가 차량 판매와의 관계에서 중요한 매개 역할을 한다는 것을 알아냈다고 한다. 반면, 성과가 조직문화를 이끈다는 증거는 발견되지 않았다고 한다. 즉, 이들의 연구에서 중요한 것은 조직문화가 성과에 선행한다는 것이다. 그리고 이들은 다음과 같이 문화, 고객 만족도, 차량 판매에 대한 최종 조정 모델을 제시했다.

영업부서의 문화, 고객 만족도, 차량 판매에 대한 최종 조정 모델

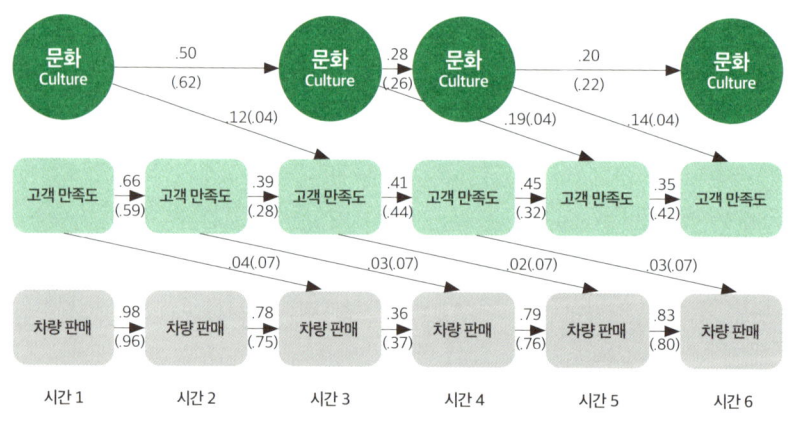

〈출처〉「조직행동」저널, 2015년 4월, '조직문화와 성과 중 어느 것이 먼저일까요? 자동차 대리점의 인과적 우선순위에 대한 종단적 연구'

앞의 모델을 살펴보면 조직문화에서 고객만족, 판매에 영향을 미치는 것에는 각각 일정한 시차가 존재한다는 것을 알 수 있다. 즉, 조직이 목표를 설정하고 목표와 정렬된 조직문화가 형성되어 그것이 성과로 이어질 때까지 시간이 걸린다는 것을 연구를 통해 입증한 것이라고 할 수 있다.

시간이 얼마나 걸릴지는 각 조직의 규모, 조직문화 변화의 폭, 변화에 따른 구성원들의 저항 등 다양한 요인이 영향을 미치므로 몇 년이 걸린다고 단정적으로 말할 수는 없지만 빠르게 변하는 기업 환경에 비추어 조직문화가 성과에 영향을 미치는 것이 10년, 20년씩 걸리기를 기대하는 조직은 없으리라 생각한다. 비교적 짧은 기간에 성과로 연결되는 경우도 있을 것이다. 앤서니 보이스와 그의 동료들의 연구는 조직문화가 성과를 이끈다는 매우 중요한 사실을 알려주고 있다.

성과를 내기 위해 조직문화에 내재되어야 할 요소로 필자는 다음 다섯 가지를 제시한다.

첫째, 조직 목표와의 정렬이다. 조직이 추구하는 궁극적 목표와 조직문화가 잘 정렬되어 있는가다. 이것은 구성원들의 동기유발, 효율성, 만족도 향상에 큰 영향을 미치기 때문이다. 자전거 페달을 밟을 때 바퀴에 연결된 체인에 비유해 설명할 수 있다. 페달을 밟아 정렬된 체인을 통해 동력이 바퀴에 전달되어 자전거가 잘 굴러가는 것이다.

둘째, 신뢰와 존중의 소통문화다. 구성원 간 상호 신뢰와 존중을 바탕으로 수직·수평의 열린 대화가 스스럼없이 이루어지는 문화가 형성되어야 한다. 이러한 신뢰와 존중의 모습은 조직에서 상위자가 하위자를 부르는 호칭이나 대하는 태도에서 드러나는 경우가 많다.

셋째, 혁신과 창의, 심리적 안전감이다. 새로운 아이디어를 적극적으로 수용하고 창의적인 연구활동에 주저하지 않으며 활동 결과가 좋지 않더라도 자신이 속한 조직에서 비난받지 않을 것이라는 심리적 안전감이 형성된 문화를 말한다.

넷째, 협력과 팀워크 문화다. 서로 작업을 검토하고 발전적인 피드백과 피드포워드를 주고받으며 사전에 오류를 방지하고 의사결정 과정에 구성원들이 참여해 공동 목표를 향해 함께하는 문화다.

다섯째, 학습 문화다. 이것은 구성원들이 지속적으로 배우고 성장할 기회를 제공하는 문화다. 자신의 업무 분야뿐만 아니라 다양한 분야의 지식과 경험을 갖춘 구성원들은 복잡한 문제를 분석·해결하는 능력을 갖추게 된다. 더불어 전문성 향상은 고객만족으로 이어지고 구성원들의 만족도와 소속감도 높여줘 이직률을 줄이고 조직의 안정성에 기여하게 된다.

조직문화는 단순한 시스템이나 프로세스가 아니라 조직 전체에 깊이 뿌리내린 가치관·신념·행동양식의 총체다. 따라서 조직문화의 변화는 단기간에 이루어질 수 없으며 꾸준한 노력과 인내심을 필요로 한다.

일시적인 교육이나 이벤트, 한두 번의 설문조사 등 단기적인 결과에 현혹되지 말아야 하고 담당부서의 몇몇 사람만 관심을 갖는 특정 업무로 취급되어선 안 될 것이다. 경영진의 관심과 의지, 구성원의 참여, 소통, 지속적 개선을 위한 평가와 피드백, 피드포워드가 꾸준히 이루어질 때 비로소 성과로 연결될 것이다.

일반적으로 빙하는 약 10%만 수면 위로 드러난다고 한다. 나머지 90%는 수면 밑에 있을 것이다. 1912년 타이타닉을 침몰시킨 빙하도 그랬을 것이다. 조직문화 담당부서는 수면 밑에 있는 자신들의 조직의 문화를 꾸준히 연구·관찰해 거대한 배의 방향키를 미리 돌리자는 제안을 해야 할 것이다.

조직문화와 성과에 대한 나의 생각

- 우리 회사의 조직문화와 관련해 떠오르는 단어를 적어보세요.
  (,   ,   ,   ,   )
- 나는 조직문화는 성과와 연관성이 있다고 생각한다.
  매우 동의함 1 -- 2 -- 3 -- 4 -- 5 -- 6 -- 7 동의하지 않음
- 나는 조직문화부터 먼저 잘 형성되어야 성과로 이어진다고 생각한다.
  매우 동의함 1 -- 2 -- 3 -- 4 -- 5 -- 6 -- 7 동의하지 않음
- 나는 성과가 먼저 있어야 훌륭한 조직문화가 형성된다고 생각한다.
  매우 동의함 1 -- 2 -- 3 -- 4 -- 5 -- 6 -- 7 동의하지 않음
- 나의 업무는 조직의 성과 목표와 잘 정렬되어 있다고 생각한다.
  매우 동의함 1 -- 2 -- 3 -- 4 -- 5 -- 6 -- 7 동의하지 않음
- 나의 업무 성과는 공정한 평가를 받고 있다고 생각한다.
  매우 동의함 1 -- 2 -- 3 -- 4 -- 5 -- 6 -- 7 동의하지 않음
- 나는 업무 성과에 따라 적절한 보상을 받고 있다고 생각한다.
  매우 동의함 1 -- 2 -- 3 -- 4 -- 5 -- 6 -- 7 동의하지 않음
- 우리 회사의 조직문화는 조직의 성과 향상에 긍정적인 영향을 미친다고 생각한다.
  매우 동의함 1 -- 2 -- 3 -- 4 -- 5 -- 6 -- 7 동의하지 않음
- 우리 회사의 조직문화는 다음과 같이 변했으면 좋겠다(키워드 기입).
  (,   ,   ,   ,   )

부록
조직문화 실무 체크리스트
■ 변화를 설계하는 사람들을 위한 진단 도구

조직문화는 '좋은 분위기'로 정의되지 않는다. 그것은 조직의 의사결정, 리더십, 소통, 제도, 그리고 구성원의 일상 행동이 일관된 방향으로 정렬되어 있는지를 보여주는 종합적 체계다. 이 체크리스트는 이 책에서 다룬 다섯 가지 핵심 영역인 가치체계, 소통, 리더십, 다양성과 포용성, 성찰 기반의 성과문화를 기준으로 실제 조직의 현재 상태를 점검하고 다음 단계의 개선 방향을 구체화하기 위해 설계되었다.

이 문항들은 단순히 '좋다·나쁘다'를 구분하기 위한 항목이 아니다.
각 항목은 조직의 문화적 건강도(Cultural Health)를 가늠하는 질문이며 구성원·리더·HR 담당자·경영진이 자신의 위치를 되돌아보게 하는 성찰 도구다.

체크리스트는 다음 세 가지 기준에 따라 구성되었다.

1. **전략적 정렬성**(Strategic Alignment)
   조직의 가치·제도·전략이 같은 방향을 바라보고 있는지를 점검한다.
2. **심리적 기반**(Psychological Foundation)
   신뢰·안전감·존중 등 조직이 구성원들의 감정과 행동을 지탱할 수 있는 심리적 토양을 갖추고 있는지를 진단한다.
3. **실행 가능성**(Behavioral Execution)
   선언된 가치나 제도가 실제 행동으로 이어지고 일상에서 체화되고 있는지를 확인한다.

이 체크리스트는 각 장의 핵심 주제를 기반으로 총 다섯 개 영역으로 구성되어 있다. 각 영역은 다시 3가지로 세분화했고 각 문항은 실제 조직 현장에서 "현재 우리 수준은 어디인가?"를 스스로 점검할 수 있도록 작성되었다. 리더와 HR 담당자는 이 문항을 팀 단위 워크숍, 인터뷰, 내부 설문 등의 기준으로 변환해 활용할 수 있다.

이 도구의 목적은 진단 그 자체가 아니라 대화를 시작하는 데 있다.
조직은 완벽한 문화를 추구하기보다 이 항목들을 통해 현재 위치를 파악하고 다음 단계로 나아가기 위한 공감대를 형성할 때 비로소 변화가 시작된다.

1부 기업문화와 가치체계

구분	체크리스트 문항	체크란
1. 방향성과 정합성	(1) 우리 조직의 미션·비전·핵심가치는 구성원 모두에게 명확히 인식되고 있는가?	
	(2) 경영진이 말하는 가치와 구성원이 실제로 경험하는 가치 사이에 괴리가 있지 않은가?	
	(3) 구성원들은 의사결정이나 행동을 판단할 때 핵심가치를 자연스럽게 참고하고 있는가?	
2. 실행과 제도 정렬	(4) 인사·평가·보상·커뮤니케이션 제도는 핵심가치와 일관되게 운영되고 있는가?	
	(5) 가치체계가 선언문에 머물지 않고 실제 경영 판단의 기준으로 작동하고 있는가?	
3. 변화 적합성	(6) 조직의 전략 변화나 사업 전환이 기존 가치체계와 충돌하지 않는가?	
	(7) 시대 변화에 맞추어 가치체계를 주기적으로 재검토하고 있는가?	

2부 조직문화와 소통

구분	체크리스트 문항	체크란
1. 심리적 개방성	(1) 구성원들이 상사나 동료에게 자유롭게 의견을 제시할 수 있는 분위기가 조성되어 있는가?	
	(2) 피드백이 위계 중심이 아닌 수평적 관계에서도 활발히 이루어지는가?	
2. 정보 접근성과 투명성	(3) 주요 의사결정의 배경과 과정이 구성원들에게 투명하게 공유되는가?	
	(4) 리더와 구성원 간 정보 비대칭이 최소화되어 있는가?	
	(5) 소통의 속도와 품질이 업무 몰입도와 팀 신뢰 형성에 긍정적 영향을 미치는가?	
3. 세대 및 직군 간 이해	(6) 세대나 직군 간의 언어와 소통 방식의 차이를 인정하고 조율하는 문화가 있는가?	
	(7) 내부 커뮤니케이션이 단순한 전달을 넘어 신뢰와 관계 형성으로 이어지는가?	

3부 리더십과 조직문화

구분	체크리스트 문항	체크란
1. 리더십의 방향성	(1) 리더는 개인의 성과보다 '사람을 통한 성과'에 초점을 맞추고 있는가?	
	(2) 리더의 의사결정과 행동이 조직의 핵심가치와 일관성을 이루고 있는가?	
	(3) 리더는 전략적 사고와 인간 중심 리더십을 균형 있게 발휘하고 있는가?	
2. 신뢰와 심리적 안전감	(4) 리더가 경청·피드백·공감적 대화를 통해 구성원의 심리적 안전감을 보장하고 있는가?	
	(5) 팀 내에서 실수가 학습의 기회로 다루어지는 분위기가 형성되어 있는가?	
	(6) 구성원들은 리더에게 자신의 생각을 안전하게 말할 수 있다고 느끼는가?	
3. 제도적 정렬성	(7) 리더십 평가·교육·보상 제도가 조직문화의 변화 방향과 정렬되어 있는가?	
	(8) 리더십 개발이 일회성 교육이 아닌 지속성장체계로 운영되고 있는가?	

4부 조직문화와 D&I

구분	체크리스트 문항	체크란
1. 다양성 구조	(1) 성별·연령·직무 등 다양한 배경의 인재들이 의사결정과 성장 기회에 균등하게 참여하고 있는가?	
	(2) 채용·평가·승진 과정에서 특정 집단에 불리한 요인이 존재하지 않는가?	
2. 포용적 시스템	(3) 무의식적 편향(Unconscious Bias)을 완화하기 위한 제도적 장치가 마련되어 있는가?	
	(4) 구성원들이 불이익 없이 각자의 의견을 개진할 수 있는 환경이 보장되어 있는가?	
	(5) D&I 활동이 일회성 이벤트가 아닌 제도와 일하는 방식 속에 내재화되어 있는가?	
3. 소속감과 존중	(6) 구성원이 자신의 정체성과 다양성을 존중받으며 일할 수 있는 환경이 마련되어 있는가?	
	(7) 리더가 차이를 수용하고 다양성을 팀의 자산으로 전환하고 있는가?	

5부 성과를 만드는 조직의 뿌리: 성찰·사람·문화

구분	체크리스트 문항	체크란
1. 성찰 기반의 성장체계	(1) 피드백·회고·학습이 성과관리 프로세스에 내재되어 있는가?	
	(2) 리더와 구성원들이 성찰을 통해 성장 경험을 공유하고 있는가?	
	(3) 개인의 학습이 조직의 지식으로 축적되는 구조가 마련되어 있는가?	
2. 인간 중심의 성과관리	(4) 평가와 보상이 구성원의 강점과 성장 가능성을 중심으로 이루어지고 있는가?	
	(5) 심리적 안전감이 성과 창출의 전제 조건으로 인식되고 있는가?	
	(6) 단기 실적보다 지속 가능한 성과를 중시하는 평가 문화가 정착되어 있는가?	
3. 조직문화와 성과의 연결성	(7) 조직문화 진단 결과가 실행계획과 피드백 루프로 이어지고 있는가?	
	(8) 문화 개선 활동이 경영 성과와 연계되어 관리되고 있는가?	